에덴 장애인
복지론

에덴 장애인
복지론

이상철 지음

한국학술정보㈜

|추천사|

이상철 기자는 특이한 인물이다.

섬세하게 가꿔지지 않은 채 잡초처럼 자기존재의 가치를 끊임없이 표현해 내는 당찬 의지를 가졌다. 게다가 그는 자기 삶을 긍정과 희망에 두고 늘 사물을 관찰하고 표현한다. 사실 그는 기자이기 전에 한 사람의 생활인으로서 자기극복의 숨은 공로자라 하는 것이 옳을 것이다. 어떤 어려움이 가로놓일지라도 그것을 뚫고 나가는 모습을 보노라면 자못 찬탄의 말이 절로 나오는 것을 금할 수 없다. 그를 만난 것은 오래전 6년도 더 지난 어느 여름날이었다. 내가 'e-조은뉴스'라는 신문에 大기자 겸 논설주간으로 있을 때 기자를 지원하여 경주까지 내려왔던 그의 모험심을 처음 접한 것이 동기였다. 그의 순수한 열정을 함께하지 못한 것이 못내 아쉬움을 남겼으나 그 뒤 그는 꾸준히 여러 신문에 자신의 이야기를 발표하고 활동하였다. 그의 굴하지 않는 희망의 메시지들이 그래서 빛을 발하게 된 것이다. 이후 간혹 <매스타임즈 www.mest.kr>에도 글을 보내오는 정성이 고마워 우리는 그를 '국민기자'란 호칭을 붙여 주었다.

본인 외에도 장애를 극복한 사람들의 이야기를 기사형식과 논문형식으로 모듬해서 작성한 글이다. 또한 장애인으로서의 삶을 적나라하게 표현한 책이기도 하다. 머리말대로 본 내용은 휴먼스토리와 칼럼형식이 조화된 실용성이 깃든 작품으로 평가된다. 무엇보다도 장애인의 깊이 있는 생활상을 다루었다는 것에 대한 섬세한 표현력이 돋보인다. 복지재단에서의 생활상에서도 보여준 한 편의 에세이와도 같은 작품이라고 생각한다. 한때 '시민기자'가 유행어처럼 번지고 지금도 그 위력을 발하는 시대지만 더 나아가 '모든 국민이 기자'라는 사명감의 발로를 이상철 그가 꿰찬 것은 매우 자랑스러운 일에 다름 아니다. 한 사람의 국민으로서 국민 속에서 숨 쉬며 희망과 긍정적 사실을 표현해 내는 기자로서의 몫을 다할 수 있는 그의 존재감이 늘 뿌듯하게 다가온다. 아침 이번에 그가 그동안의 발표작품들을 한데 모아 펴낸다는 말을 듣고 '추천의 글'을 써야겠다고 작정한 것은 순전히 그의 정성 어린 삶의 자세에 박수를 보내고 싶은 생각에서였음을 여기 밝힌다.

이상철 국민기자의 글을 읽는 사람들은 그의 생생한 긍정과 희망 그리고 때로는 날카로운 비평의 모습 속에서 새로운 세계를 발견하게 될 것이다.

2008년 11월 매스타임즈 편집 겸 발행인/大기자 박 선 협

　이 글은 수필이 아니다. 그렇다고 사회복지 전문이론서도 아닌 퓨전형식으로 집필한 내용이다. 수기와 간증집이라기보다는 이 책의 주인공인 장애인과 재단을 운영하는 정덕환 이사장님의 장애인 복지론을 대필한 것이다. 이 책은 정덕환 이사장님의 청탁을 받고 대필 형식으로 그의 생각과 삶의 여정을 쓴 것이다. 때문에 정덕환 이사장님의 자서전 성격으로 보일 수도 있지만 어디까지나 장애인 복지론의 개념으로 원고를 작성하기 시작했다. 이 글을 쓰는 나 자신도 정신지체 2급 장애인이다.

　나는 인문학도가 아니다.

　사회복지사는 더욱 아니다. 앞서 언급한 대로 무지랭이 공돌이 출신의 중증장애인일 뿐이다. 전공은 신학이었지만, 당시만 하더라도 장애인에 대한 장벽은 어느 곳이든지 높았다. 원고를 집필하고 3년 동안 출판사를 전전하였으나 원고를 승인받지 못해 여러 차례 수정과 보완을 거쳐 오늘에 이르렀다. 초기에는 수기 형식으로 집필을 하다가 진화한 것이다.

　따라서 몇 번이고 집필을 포기하고 싶은 생각도 들었으

나 내 개인적인 글이 아니었기에 마음대로 포기할 수도 없는 노릇이었다. 예를 들어 학교에서 내 준 숙제를 학교 외에 다른 곳에서 인정해 주지 않는다고 숙제하던 것을 중도에 그만두는 것이나 다름없다고 생각했다. 정작 나 자신이 장애인이라고 생각하지 않았고, 이 책에서 소개하는 복지재단의 장애우들을 보면서 많은 것을 느낄 수 있었다. 따라서 우리는 이들을 얼마나 편견의 시각으로 바라보았는지 모른다. 장애는 결코 겉으로만 보고 판단할 수 없다는 것을 이들을 보고 느끼면서 깨닫게 되었다.

아울러 미흡한 내 글을 예쁜 책으로 만들어주신 한국학술정보(주) 편집자를 비롯하여 채종준 사장님, 본 작품을 추천해 주신 인터넷신문 <매스타임즈> 박선협 대표님께도 감사의 말을 전한다. 그 밖에도 집필을 승인해 주신 에덴복지재단 정덕환 이사장님, 에덴과 함께하는 모든 이들과 장애인 친구들을 비롯한 에덴복지재단 임직원 여러분께도 안부의 말을 전한다. 본 내용이 480만 장애인들에게 희망의 메시지가 되었으면 한다.

나는 이 글을 내 생애 마지막 선택이라는 각오로 썼다. 본서의 판매수익금은 에덴복지타운 건립기금 등 장애인 복지사업에 쓰일 예정이다.

이 상 철

에·덴·장·애·인·복·지·론

제1장

에덴복지재단과 정덕환

에덴하우스

　자유로와 한강이 보이는 곳에 위치한 에덴하우스(경기도 파주시 교하면 신촌리 345번지)에는 장애인 120여 명이 직접 쓰레기봉투를 생산하고 있다. 에덴하우스는 사회법인 장애인복지시설인 에덴복지재단의 초기 명칭으로 본관은 지하 1층, 지상 2층으로 된 장애인재활센터로 자리매김하고 있다. 지상 1층은 사무실과 목양실, 지하 작업장에는 10개 라인의 설비와 기계가 마련되어 있다. 지상 2층에는 기숙사가 마련되어 있고 밖으로는 선교센터가 마주하고 있다. 이곳에서 일하는 생산직 직원의 90%가 뇌성마비, 정신지체 등 중증장애인들이다. 사무직원들은 대개 글을 쓸 줄 아는 3급 이하의 경증장애인과 기독교 신자들로 이루어져 있다. 생산라인은 2급 이상의 중증장애인들이 담당하고 있지만 직업 능력이 일반인들 못지않게 능숙하다. 1998년 IMF체제하에도 순조로운 공정 끝에 완공되어 오늘에 이른 에덴복지재단의 전신은 국가대표 유도선수 출신 정덕환 이사장이 자립을 위해 마련한 '에덴복지원'이라는 업체로 출발하여 여러 차례 난관을 헤쳐 오면서 국내 최대 규모의 장애인 복지시설로 성장하였다. 이는 직원들과 생사고락을 함께한 장애인들의 사투와 노력의 결실이 있었다는 것을 보여주고 있다.

5명의 직원으로 출발한 에덴하우스는 2006년 현재 120명의 직원과 기숙사, 후원단체를 둔 대규모 시설의 복지재단으로 거듭나면서 장애인도 할 수 있다는 긍지를 심어주고 있다. 전자부품 납품에서 쓰레기봉투 생산에 이르는 동안 그 수익은 매년 증가하고 있으며 정부 지원금 월 85만 원을 합하면 웬만한 일반인 봉급과 맞먹는 액수다. 작업장 벽보에는 장애인도 일반인과 똑같이 해낼 수 있다는 의지가 담긴 구호가 적혀 있다. 이 구호는 장애인 직원들에게 활기를 불어넣어 주고 있다. 에덴하우스에서는 하루 40∼50만 장의 2∼100ℓ짜리 쓰레기봉투들을 제작하고 이를 수도권 20여 개 지방자치단체에 공급한다. 에덴하우스의 올해 매출 목표는 60억 원. 전자부품을 조립하여 납품하는 업체로 출발한 에덴하우스는 주민 반발 등 온갖 난관을 헤치고 여러 차례 업종 변경을 거쳐 오늘에 이르렀다. 눈물겨운 사투와 노력 끝에 맺은 결실로 장애인들도 결코 일반인에 뒤지지 않는다는 교훈을 주고 있는 정덕환 이사장은 장애인들에게 아버지이자 스승이다. 필자는 신학대 선배인 문형진 목사님을 통해 알게 된 에덴하우스에서 지난해 연말부터 정월 초까지 2주간 실습을 받은 바 있다. 그로부터 6개월 뒤 다시 에덴하우스를 방문하였다. 필자와 한방을 쓰던 경비원은 나를 알아보지 못하였지만 작업장에 들어서면서 나를 알아보던 몇 분이 있었다.

다음은 에덴하우스에서 받은 실습프로그램이다. 오전 7시, 자정, 오후 6시에 배식이 있고 밤에는 라면이 야식으로 나온다. 정직원은 오후 9시까지 야근이지만 실습생은 오후 6시에 작업이 종료된다. 취침시간은 오후 10시, 기상시간은 오전 7시로 아침 식사 후 8시에 선교센터에서 예배를 보고 9시에 작업이 시작된다. 오전 예배는 정 이사장의 아내인 이순덕 목사의 기도로 시작된다. 장애를 겪으며 살아온 젊은 시절의 정 이사장의 삶은 마치 필자와 동등한 입장이 아닐 수 없었다. 정덕환 이사장은 촉망받던 정상인에서 순식간에 찾아온 장애로 인한 학업의 중도 하차 후 10여 년의 방황으로 인고의 세월을 보냈다. 비록 필자와는 장애 부위가 달랐으나 그역시도 장애인들은 자신과 같은 아픔을 지니고 살아가는구나하는 생각이었다.

한국의 루즈벨트

필자는 그를 '한국의 루즈벨트'라고 불러도 손색이 없을 것이라 생각했다. 왜 우리나라의 기업가를 외국의 대통령에 비유하냐고 할지도 모르지만 정덕환 이사장은 장애인들에게 있어 아버지이자 스승을 떠나 정신적인 지도자라 할 만큼 사회복지에 지대한 공헌을 한 인물이다. 미국의 프랭클린 루즈벨트 역시 하지마비 장애인으로 대공황의 늪에서 허덕이던 미국경제를 다시 일으키는 데 기여한 인물이다. 쓰레기봉투 생산을 시작하면서 매출이 꾸준히 증가하여 오늘에 이르고 있다. 정 이사장은 그 외에도 장애인 선교 사업이라는 명목으로 신앙생활에도 적극적이었고 하루 일과를 항상 예배로 시작한다. 오전 9시 예배를 마치고 아침조회가 끝나면서 작업이 시작된다. "에덴 식구들 오늘하루도 무사고로 가자!" 직원들이 구호에 맞추고 기계가 돌아간다.

'주여! 네 이웃을 내 몸과 같이 사랑하라고 하셨듯이 이 땅의 모든 사회적 약자들을 위해 일을 할 수 있게 하옵소서.'

정덕환 이사장은 국가대표 유도선수에서 국가대표 장애인 복지의 전도사로 우뚝 서기까지 늘 곁에서 지켜주던 아내와 생사고락을 함께한 장애인들의 공로가 있었고 세상을 살면서 눈물겨운 사투와 노력이 있었기에 지금까지 신앙생활을 할 수 있었다고 한다. 최근에는 자신의 삶을 담은 신앙간증집을 내기도 했다. 재단은 생산직과 사무직으로 구성되어 있으며 함께 숙식을 하면서 지도를 받고 있으며 상담을 맡고 있는 이진경 간사는 경북 포항에서 상경하여 동고동락하고 있다. 재단에서 활동하면서 직원들은 그곳의 동료와 커플이 되어 백년가약을 맺고 가정을 이루기도 한다. 대부분의 생산직원들은 같은 장애인끼리 결혼을 한다. 그러면 2세도 장애인이지만 이들은 하나같이 정신력으로 살아간다고 말한다. 이들을 보면서 하물며 일하는 데 장애인이라고 꺼리겠는가.

장애인도 일반인과 똑같이 해낼 수 있다는 그의 신념이 오늘날 장애인복지 선진국으로 발돋움하는 데 도움을 주고 있다. 또한 재단의 이름으로 과제집 <에덴 21세기 글로벌 전략>과 월간지 <에덴둥지>가 정기적으로 발행되고 있다. 1983년 에덴복지원 설립 초기 5명에 불과하던 직원은 현재 100명을 넘는다. 전자부품을 조립하는 업체로 시작한 이후로도 숱한 어려움을 겪으면서 법인을 취득했다. '쓰레기 종량제' 실시로 쓰레기봉투 수거 사업으로 전환한 이후 오늘에 이르렀고 1995년 12억이던 매출은 10년 새 54억으로 증가하였다. 여러 차례 업종을 전환한 끝에 쓰레기 수거용 비닐봉투 제조 사업을 하게 되었고 이 일은 정신지체 장애인도 할 수 있는 일이라고 말한다. 비장애인 한 사람이 할 공정을 다섯 공정으로 나눠 난이도에 따라 장애인을 배치한다. 생산성은 5분의 1이지만, 그래도 장애인이 생산하는 일이라며 직원들의 노고를 아끼지 않는다. 연습 도중 부상으로 절망의 나락에서 일어나 전신마비 장애를 딛고 오늘날 장애인 복지의 전도사로 변신한 정덕환 이사장. 그의 인생을 곁에서 지켜보면서 손발이 되어준 가족들과 장애인 직원들이 함께했기에, 신앙과 의지로 다시 일어섰기에 그의 삶은 절망이 아닌 도전이자, 새로운 시작이었다.

개구쟁이 어린 시절

1951년 정월, 덕환의 가족들은 꽁꽁 얼어붙은 한강을 건넜다. 행여나 식구들을 잃어버릴까 봐 치맛자락을 붙잡고 틈새를 비집으며 때로는 얼어버린 주먹밥으로 허기를 때우는 등 고된 남행길이었다. 여기저기서 포성이 울리고 폭발음과 함께 거리는 피난민들로 아수라장이었다. 동란이 발발하고 3개월 후 UN군이 상륙하면서 전세는 역전되는 듯하였으나 짐승 떼같이 밀려오는 중공군의 공격으로 또다시 짐을 꾸려 우여곡절 끝에 부산에 정착하였다. 식구들은 피난민들이 밀집해 있는 판자촌에 보금자리를 마련하고 장사를 시작하였다. 미군이 들어오면서 양과자 맛에 매료되기도 하고 영어발음을 따라 하기도 했다. 아이들은 미군트럭이 지나가자 따라가며 과자류를 던지자 줍는 데 여념이 없었다. 파란 눈의 노랑머리가 마냥 신기했는지 이들을 따라다니며 이들이 내던진 과자들을 주워보았다. 꼬부랑글씨라 알아보지는 못했지만 까만 종이에 은박지를 벗기고 그것을 한입 물어보았다. 씁쓸한 동시에 달콤한 맛이 입안에 살살 녹는 느낌에 초콜릿을 먹어보고 그 맛을 음미해 보았다. 이것은 당시에는 시중에서 구하기 어려운 과자제품이었으며 이에 여러 명이 한꺼번에 그 과자를 먹어보려 달려들기도

하면서 일대는 아이들 놀이터가 되기도 했다. 덕환은 천막학교에서 임시로 수업을 받았으나 이때부터 그는 유도의 기질이 발휘되는 광경을 목격한다. 유도를 익힌 뒤 시비를 걸어오는 아이들에게 업어치기로 제압할 때마다 아이들에게 그는 두려움의 대상이었다. 그렇게 멋을 내고 있던 부산 자갈치시장에서 건장한 체격의 사내들이 장사를 하고 있던 곳으로 다가와 시비를 걸었지만 덕환의 가족들은 아랑곳하지 않고 손님을 맞았다.

"이봐, 누구 마음대로 여기서 장사를 하는 거야?"

"저희는 난민이오, 생계를 위해 장사를 하고 있어요."

"말로 하려니 안 되겠군, 얘들아 엎어버려……."

"이놈들아 지금 북쪽에서는 동족 간의 싸움에 군인들이 피를 흘리고 있는데 우리끼리 이게 무슨 짓이야?"

그러나 이들의 말에 난동을 부리던 청년들에게는 막무가내였다.

"그러면 자릿세를 내든가!"

때마침 유도복차림의 청년들이 근처를 지나가던 중 이들의 행패를 보자마자 발걸음을 멈추었다.

"그만두지 못할까……."

"저건 또 뭐야!"

시비가 붙자마자 그대로 주먹을 휘두르지만 도복차림의 청년들은 재빠르게 몸을 돌려 이들을 업어치기로 제압하는 모습을 지켜본 덕환의 눈은 휘둥그레지기도 했다. 어떻게 하면 저런 힘이 나올까! 나도 저 사람들처럼 엎어치기를 할 수 있을까 하는 생각에 그는 점차 유도에 매력을 느끼기 시작했다. 행패를 부리던 건달들은 이들의 매치기에 맥없이 나가 떨어졌고 그대로 줄행랑을 치는 것이었다.

"다음에 두고 보자……."

"어디 다치신 데는 없습니까?"

"아이구 청년들, 고맙소!"

그래서 학교에서도 아이들과 엎어치기 장난을 하기도 하면서 그의 옷은 항상 흙투성이였다. 때로는 부상을 입고 들어오는 경우도 허다했으나 덕환은 이에 굴하지 않고 수련을 쌓아 갔다. 언제나 장난꾸러기처럼 행동하는 덕환을 바라보는 부모님도 은근히 걱정이 되기 시작하였으나 그의 뜻을 굽히지는 못했다. 기대 반 우려 반으로 부모님은 덕환이 유도를 하겠다고 하자 다소 엇갈린 반응이었다.

"유도는 그리 만만한 운동이 아니야."

"그래 너는 소질이 있으니 한번 해보도록 해라."

자식을 바라는 부모의 속마음은 한결같다. 남에게 지지 않으려는 그의 마음가짐이 대견스러웠던 것이다. 너나 할 것 없이 부족하던 시절이었기에 운동을 하겠다는 그의 일편단심에 부모님은 운동선수의 길을 말리고 싶진 않았다. 그렇게 유도에 매진하던 학창시절이었지만 그렇다고 학업에 소홀하지는 않았다. "주독야경"이라는 말이 있듯, 학교 수업을 마치고 유도연습을 시간가는 줄 모르고 하면서도 틈틈이 예습과 복습을 철저히 했고 유도 기술을 마스터하기 위해 이론을 익혀 나가기도 했다. 그러나 그의 지칠 줄 모르던 열정은 스물여섯 해에 꺾이고 말았다. 피난시절에 본 유도부 청년들은 덕환에게 진로를 결정하게 해 준 계기가 되었다.

정덕환은 1946년 2월 6일에 태어났으니 해방둥이라고 불리기도 했는데 해방 이듬해였지만 빠른 46년이었기 때문에 해방둥이라 할 수 있다. 입춘을 앞둔 일제식민지에서 해방이 된 첫 번째 맞는 봄이었다. 그 시기에 아들을 낳은 가족들의 마음은 그 무엇보다 풍족했다. 이웃 중에는 미군정에서 일하는 사람이 있어 퇴근 후면 이따금씩 양과를 얻어오곤 했는데 그것이 영양분이 되기도 했다. 부족했던 시절이었으나 마음만은 넉넉하던 시절이었다.

이상의 날개를 펼치다

　운동선수라고 해서 모두 덩치가 크지 않았다. 힘보다는 정신력을 바탕으로 겨루었던 결과가 국가대표로의 발판이 되었다. 유도부에서 본격적으로 활동을 하게 된 덕환은 전국체전 서울대표로 출전하였다. 한창 연승행진을 하던 그에게 코치가 다가와 흐뭇한 미소를 지으며 말했다.

　"이만하면 앞으로 열리게 될 아시아경기대회와 올림픽대회 참가도 순조로울 것이다! 그때까지 분발하도록……."

　마침 방콕아시아대회를 비롯하여 독일 올림픽대회가 결정이 되던 무렵이었다. 덕환은 올림픽에 나가 우리나라의 위상을 떨칠 수 있을 기회라며 올림픽에서 금메달을 따는 미래의 모습을 상상해 보았다. 그때만 해도 그 꿈이 물거품이 될 것이라는 생각도 하지 못한 때였다. 그저 묵묵히 앞만 내다보고 있던 그의 머릿속에는 유도에 매료되었다. 고등학교에 입학하면서 국가대표로 등록하고 훈련 또한 혹독했으나 연습을 게을리 하지 않았다. 연습은 마치 실전을 방불케 했다. 강당에서 연습하는 모습을 지켜보는 동료들이 체육관의 관중들을 연상케 했고 자신의 그 미래를 상상해 보았다. 그는 국가대표로 선발된 이듬해 연세대에 입학하였다. 연세대는 우리나라 서열 2위의 대학으로 많은 CEO들을 배출한 인재양성소이기도 하다. 그런 명문학교에 합격통보를 받은 그와 부모님은 매우 기뻐하였다. 초등학교시절 은사도 덕환의 연세대 합격소식에 흡족해하셨다. 그러나 그에게 졸업장은 30년 후에 명예졸업장이라는 이름으로 취득할 수 있었다.

그렇게 그는 유도로 완전히 진로를 결정하는 계기가 되어주었다. 창밖으로 보이는 기찻길을 달리는 백마호 열차처럼 앞으로 힘차게 전진하려는 마음으로 교수진 강의에 귀를 기울였다. 그렇게 도서관과 체육관을 오가면서 인생의 반려자를 만나 양가의 승낙을 받고 결혼하였다. 운동을 하면서도 명문대를 다니는 그의 실력을 인정한 장인과 장모님도 그에게 호감을 갖게 되었다.

"학업과 운동을 병행하려니 힘들지 않은가?"

"아닙니다, 제가 하고 싶어서 하는 일인걸요."

교제를 하는 동안 두 사람은 서로 바쁜 일정 속에서도 하나가 되었다. 교제를 하면서 찾아간 곳은 교회였다. 하지만 그에게는 그곳이 마치 특정단체의 집회장소 같았다. 그래서인지 그는 오로지 유도 외에는 다른 곳에 집중하지 않았고 항상 국가대표를 염두에 두고 있었다.

"또 특훈이에요?"

"곧 전국대회가 있소. 조금이라도 연습을 소홀히 하면 안되오."

"당신은 마치 유도를 위해 살아가는 분 같네요!"

언제나 유도에 살고 유도에 죽겠다는 비장한 각오로 연습과 훈련에 집중하면서 그 결실이 우승이라는 영광으로 맺어진 열매였다. 대회를 앞두고 바쁜 스케줄로 인해 주말에도 함께하지 못하는 아내에게 미안한 마음이 들기도 했지만 우승으로 금 트로피를 받아 아내와 부모님을 기쁘게 해드리겠다는 생각이 그에게 우선이었다. 아내는 그가 재학 중 신학과에 재학 중이었으며 전도사를 지망하던 크리스천이었다. 교회당에 들어서자 선거운동원처럼 어깨와 허리 사이로 이어진 천을 두른 사람들이 주보를 나누어주며 인사하였지만 머쓱하기만 했다.

"찬양합니다…… 찬양합니다~아~아~주를 찬양합니다~아~아~"

아내도 이 노래를 따라하면서 박수를 쉬지 않고 치자 무언가 홀린 듯한 느낌이었지만 그런대로 호흡을 같이했다. 처음 가보는 곳이었지만 아내와 함께 있다는 것이 마음에 안정을 주기도 했다. 그렇지만 머릿속에는 유도로 가득했고 전국대회 출전에 마음이 설렜으며 그것밖에 떠오르지 않았다. 박수를 치고 찬양하는 모습이 마치 우승으로 인한 갈채를 보내는 것 같았고 기도하는 모습이 마치 응원하는 것처럼 들렸다. 교회의 신도들은 마치 관중석이라 생각되었다. 이에 아랑곳하지 않고 아내와 함께 잘 모르는 노래를 따라

하면서 흥을 돋우어주었다.

그렇다고 머릿속이 유도로만 가득 찬 그가 아니었기에 늘 아내의 동반자 역할에 충실해 주었다. 그러나 그가 이 노래를 즐겨 부르기 시작한 것은 사고 이후 병상에서 아내가 섬기는 교회 사람들이 병문안을 오면서부터였다. 경쾌한 멜로디가 흥에 겨운 나머지 자신도 모르게 마음속에서 우러나온 노래가 되었다. 그러나 이전만 해도 그에게 머뭇거릴 틈 없이 대회를 위한 연습에 여념이 없었다. 물론 여기까지 오기까지는 국민학교(당시에는 국민학교였다)에서 고등학교까지 학창시절의 은사들을 잊을 수 없었다. 그를 알아본 초등학교 시절의 담임선생님은 매우 반갑게 맞아주셨다. 같은 시기에 모교를 찾아온 동창들을 만날 수 있었다.

"개구쟁이로만 여겼는데 언제 이렇게 공부를 했느냐?"

"다 선생님의 조언 덕분이죠!"

대학 진학을 한 뒤 스승의 날에 모교를 방문한 그는 이미 국가대표선수로서의 유명세를 톡톡히 치른 터라 교사들은 그를 첫면에 알아보았다. 선생님은 덕환의 손목을 잡으며 장차 나라를 빛내는 훌륭한 유도선수가 되라며 조언을 해 주셨다. 이들은 교사와 함께 제자들은 눈시울을 붉히면서 스승의 날 노래를 복창하였다. 그 외에도 동료선수와 함께 한 감격의 순간은 이어졌다.

대학생이 되어 본격적인 선수생활을 시작하였다. 그를 알아보는 학우들과 교수님의 시선에 인기연예인이 된 기분이었다. 그럼에도 그는 항상 겸손함을 갖추고 마음을 가다듬었다. 그것은 공인으로 인정받게 된 이상 격식을 차리고 모범을 보이는 것도 공인으로서의 도리라 생각했다.

"아니, 정덕환 선수 아니십니까?"

이 같은 유명세에 그는 더욱 유도에 매력을 느꼈다. 실력이 향상되면서 차츰 유도는 분신과도 같은 존재가 되었다.

마치 물 만난 고기처럼 마냥 유도가 좋았다. 하지만 그에게 있어서는 더 건강해진 자신의 모습이 아니었다. 그에게 있어 오로지 유도가 인생의 전부였고 그에게 그와 같은 일이 생길 것이라고는 상상조차 하지 않았다. 오로지 미래의 금메달리스트로 올림픽 등 국제대회에서 우승하여 나라를 빛내겠다는 각오뿐이었다. 경기대회가 열리는 날에는 그 실황이 TV로 중계되면서 이웃들이 한자리에 모여 TV를 시청하였다. TV가 보급되기 전이었기에 항상 동네 사람들이 한자리에 모여 TV를 보면서 서로 담소를 나누는 정이 있던 시절이었다.

꺾인 유도인의 꿈

국가대표로 선발되기 전부터 그는 이론을 통해 유도기술을 마스터하면서 기초를 터득하는 데 발판을 마련하였다. 사실상 초등학교 때부터 이 같은 기술을 터득할 수 있던 것이 2단계였다. 이것은 그가 중학교 입학 후 유도부에 들어가면서 본격적인 실력발휘를 하였다. 1965년 성남고 3학년이 되면서 그는 국가대표로 선발된다. 첫 전국대회에 참가한 경기실황이 TV를 통해 중계되고 그의 모습이 브라운관을 통해 비추어졌다. 그는 많은 관중들과 카메라가 집중되면서 다소 긴장하는 모습을 보였다. 그가 출전한 첫 경기는 팽팽한 긴장 속에서 시작되었다. 그러면서도 모든 스포츠팬들의 관심이 그에게 쏠려 있다는 생각에 우승으로 보답해야겠다는 마음가짐뿐이었다. 때론 부담감에 어깨가 무거웠다.

"긴장 풀게. 여기 모인 사람들은 모두 자네 팬이야."

"그래도 왠지 떨리는걸!"

그에게 첫 시합이었기에 마음은 굳게 먹고 대련을 시작한다. 그가 상대를 들어 메치는 순간 관중들과 TV를 지켜보던 주민들은 일제히 박수를 치며 환호하였다.

"그렇지! 잘한다."

상대 선수를 제압할 때마다 터져 나오는 박수갈채. 그는 프로선수로 입지를 굳혔다. 이어 YWCA창립 기념대회, 세계선수권대회에서 잇달아 우승하면서 그에게 있어 유도는 유일한 희망이자 보장받은 미래였다. 그가 우승을 할 때마다 스포츠지를 통해 기사가 실렸다. 경기 후에도 평소의 그의 생활과 연습하는 모습을 취재와 인터뷰로 분주한 나날을 보내게 되었다.

"그 힘의 비결은 무엇인가요?"

"힘보다는 강인한 정신력이 우선이지요."

1970년대 한국 유도는 뮌헨과 몬트리올 올림픽에서 은·동메달을 연속 차지하면서 황금기를 누렸고 1984년 LA올림픽에서 하형주 선수가 금메달을 획득하면서 계보를 이었다. 1965년 연세대학교에 입학한 그는 대한유도협회에도 등록하면서 본격적으로 국가대표 선수로 인정받게 된다. 이후 전국대회에 서울 대표로 출전한다. 전국대회에 우승한 이후 아시아 경기대회와 올림픽 출전에까지 가능하다며 확신을 얻게 된 덕환은 곧 군에 입대하게 되었다. 유도선수로 활동하면서 그는 명예를 얻게 되었고 사랑도 얻었고 애국심도 얻었다. 같은 시기 인생의 동반자를 만나고 며칠 후 국가의 부름을 받아 군에 입대하였다. 청량리에서 입영열차를 타고 기적이 울리자 아내는 그의 손을 잡고 마중인사를 하였다. 그의 부모님도 열차에 오르는 덕환에게 손을 흔들었다.

"몸조리 잘하시오."

"제 걱정은 마시고 잘 다녀오세요."

행선지에 도착한 입영자들이 군용차를 타고 소속부대로 향하는 길은 무척 질퍽한 황톳길이었다. 전국적으로 새마을운동이 전개되기 전후였고 그래서 입대하는 길과 제대하는 길이 판이하게 달라져 있었다. 부대로 들어가는 길은 비가 많이 오며 자동차 바퀴가 진흙 속으로 빠지기 일쑤였다. 그랬던 그 길이 돌아올 때는 탄탄한 아스팔트도로로 포장되었다. 일부 병사들은 관할지역의 새마을사업에 동참하기도 했으며 훈련과 함께 군 생활을 전개해 나갔다. 전방에 배치된 그는 같은 민족끼리 서로 대치하는 냉혹한 현실을 보면서 마음이 착잡했다. 해방이 되었다 싶더니 곧 남북분단이라는 상황은 우리나라가 국력이 없었기 때문이라며 나라가 부강해지기 위해서는 힘을 길러야 한다는 생각에 더욱 유도에 매진하게 되었다. 이후 내무반을 연습실 삼아 공백기를 보충하기도 했으며 특훈 기간 동안 연습에 박차를 가했다. 체력이 국력이라는 말이 있듯이 그것을 가훈삼아 체력을 충전할 수 있는 병영생활이었다.

운명의 날

  그러나 그에게 있어 더 건강해진 모습이 아니었다. 그에게 앞으로 어떤 일이 일어날지도 모른다는 불길한 징후는 없었다. 복무기간 동안 그는 씩씩하고 늠름한 대한민국의 군인이었으나 국방의무를 마치고 제대한 그는 9월 뮌헨올림픽을 앞두고 다시 연습장으로 달려가 훈련을 재개하였다. 그는 첫 국제대회 참가라는 영예를 앞두고 들뜬 모습이었지만 그해 대회에는 출전하지 못하였다. 그 이유는 치명적인 사고가 그에게 닥쳤기 때문이다. 1972년 8월 1일 연습을 재개한 그날 대련을 시작했지만 왠지 불안정한 모습이었다. 유도기술 가운데는 업어 메치기 기술이 있는데 업어치기 기술은 단순하고 간단하면서도 상당한 순발력이 필요한 고난이도 기술이었다. 그 와중에서 상대가 먼저 덕환을 그대로 들어 올리고 매트에 내리쳤다.

  "아, 실수다……."

  "쿵" 하는 소리와 함께 정신을 잃었고 그렇게 긴 어둠 속을 지나고 있었다. 아무런 감각도 느끼지 못한 채 그대로……. 땀으로 범벅이 되어 쓰러져 있던 그에게 코치가 다가와 말을 건넸으나 아무런 대답이 없었고 한참이 지나도 깨어나지 못했다. 동료들은 그를 일으키려 했으나 꼼짝도

하지 않으니 그에게 무언가 엄청난 일이 일어났다고 생각한 것이다. 동료들도 계속 말을 건넸지만 아무런 반응이 없었다. 그리고 이에 가장 놀란 것은 그와 대련한 상대였다.

'내가 지금 무슨 짓을……!'

"이보게, 눈 좀 떠봐."

"안되겠다, 어서 병원으로 옮겨라."

마치 몸이 굳어진 것처럼 꿈쩍하지 않으니 당황할 수밖에 없었다. 구급차를 통해 병원으로 이송된 그는 응급실에서 다시 중환자실로 옮겨졌다. 당일 병원 측의 연락을 받고 허둥지둥 병원으로 달려온 아내와 부모님은 담당 의사를 찾고 검사결과를 기다리던 식구들은 간절히 기도를 드렸다. 하지만 주치의는 맥박을 진단한 결과 마음의 준비를 하라며 단념하는 모습이었다. 믿기지 않는 듯 아내는 다시 한 번 확인해 달라며 의사를 요청했다.

"의사 선생님 어떻게 된 것이죠?"

"매우 유감스러운 일이지만 남편께서는 앞으로 유도를 하지 못할 것입니다."

"그리고 잘해야 사흘을 넘기지 못할 겁니다."

사흘을 넘기지 못할 것이라는 의사의 청천벽력 같은 말에 말문이 막혀버렸다. 아내는 맥없이 주저앉아 하염없이 눈물을 쏟았다. 전신마비라는 진단 결과에 덕환의 어머니도 즉석에서 실신하였다.

"금쪽같던 아들이 이대로 이렇게 가야 한다는 말인가!"

"어머니 정신 차리세요."

그는 3개월 만에 깨어나긴 했으나 사실상 사망 선고나 다름없던 전신마비 판정으로 앞으로 영원히 휠체어에서 살아가야 한다는 말을 들었을 때는 꿈이라고 생각하고 싶은 마음뿐이었다. 매트에 꽂히는 순간 목과 등 사이의 뼈가 부러지면서 중추신경이 손상되어 썩어가고 있었다. 이로 인한 호흡 곤란, 40도를 오르내리는 고열은 그에게 남은 시간이 촉박했다. 수술을 받으면 살아날 수 있다는 의사 말에 동의하면서 덕환은 수술대로 옮겨졌다. 그는 엉덩이뼈를 잘라 목에 이식하는 대수술을 받고 깨어났지만 현실을 망각하고 몸을 일으키려 하는 등 헛수고를 하면서 계속 충격을 받았다. 11시간에 걸친 대수술 끝에 의식은 회복되었지만 몸을 회복하지는 못한 것이다. 병실 문밖에는 소속 선수들과 동료들이 주위를 서성이고 있었다. 특히 그를 메친 동료는 두 손을 머리 위로 얹고 고개를 숙인 채 매우 자책하는 모습이었다. 마치 자신의 과실을 인정하는 듯한 말로 아내를 위로해 주었다.

"만일, 덕환이 저 상태에서 일어나지 못하면……."

"너무 염려하지 말게, 덕환이는 알아주는 통뼈 아닌가!"

"좀 더 힘을 내보세요."

"틀렸어, 더 이상 움직일 수가 없어!"

"당신이 살아날 수 있다는 것만으로도 기적이에요."

"의사 선생님께서도 사흘을 넘기지 못한다는 말에 내 가슴이 얼마나 철렁했는지 모릅니다."

그러나 그에게 주어진 것은 장애인 수첩과 휠체어였다. 비록 몸을 움직이지는 못하였지만 아침에 눈을 뜨고 자신을 볼 수 있다는 것, 사랑하는 가족도 세상도 다시 볼 수 있다는 것은 커다란 축복이라 생각했다. 산 자는 죽을 수라도 있지만 죽은 자는 아무것도 할 수 없다고 하질 않는가? 또 다른 하루가 주어진다는 것만으로도 감사할 이유는 충분했다. 그러나 그처럼 다시 주어진 하루를 살기 위해 눈을 뜬 순간이 늘 좋고 행복했던 것만은 아니었다. 매트에 쓰러진 뒤 죽을 고비를 넘기며 수술을 마친 후 석 달 만에 깨어났는데 눈을 뜬 그에게 보이는 모든 것들은 어제와 완전히 달라져 있었던 것이다.

자립을 위하여

눈을 떴을 때 가장 먼저 보인 사람은 아내였다. 아내는 석 달 동안 꼬박 그의 침상 곁을 지키고 있었다. 아내는 남편이 하루아침에 장애인이 되어버렸다는 것에 충격을 감출 수 없었다. 본인 또한 긴 잠에서 깨어났으나 모든 것이 꿈이라고 생각하고 싶었다. 더구나 호랑이 기운이 솟을 나이에 전신이 마비된 장애인이 되었다고 생각하니 절망스러웠다. 두 달이 지나도 여전히 숨만 쉬고 있던 그는 수술을 받았다. 골반 뼈를 잘라 목에 이식하였고 의식을 회복하기까지 또 다시 한 달이라는 시간이 흘렀다. 그렇게 몸을 움직이지 못하자 아내는 울음을 안으로 삼키면서도 남편이 살아 있는 것만으로도, 양팔이라도 움직일 수 있는 것만으로도, 그나마 다행이라 여겨졌다. 자신의 몸을 자각한 것은 몸을 움직이려고 하면서부터였다. 목 아래로는 전혀 움직일 수 없게 된 자신을 보았을 때 아무것도 생각할 수 없었다. 놀란 마음에 심장이 두근거렸다. 그렇지만 마음속으로 침착하면서 팔을 움직여 혈액순환을 하기도 해 보았다.

"괜찮아, 그래도 양팔은 움직이잖아……."

어쩌면 이러한 상태로 평생을 살아가야 한다는 두려움이 물밀듯이 밀려오기도 했다. 어떤 대화도 몸짓도 없이 머물러 있었던 그 시간이 그리 길지 않았겠지만 그에게는 한참 시간이 흘러간 것처럼 여겨졌다. 그래도 그는 그런 내색 없이 항상 밝고 감사해하는 모습으로 같은 병실의 환자들을 감동시켰다. 아내에게는 고생을 시키고 어머니께는 걱정을 끼쳐드린다는 생각에 마음은 편치 않았다. 병문안을 온 교회 성도님들과 목사님이 찬양하는 모습을 볼 때에 얼마나 마음이 아픈지 눈물이 나려는 것을 애써 참으려는 기색이 역력했다. 이렇게 병상에서 목사님의 기도와 신자들의 찬양을 들을 때면 왠지 마음이 편안해지는 기분이 들었다. 그도 찬양을 따라 하기 시작했고 같이 기도를 하면서 마음을 안정시킬 수 있었다.

"나처럼 슬픔과 고통을 당하는 사람이 있을까? 당신들이 밝게만 산다면 그 삶 자체가 승리요, 주님께 영광이오."

그렇게 기도해줄 것밖에 할 수 있는 것은 아무것도 없었다. 병상에 있는 동안 손을 잡아 누웠다, 일어났다를 반복하는 등 재활치료를 받고 성경을 읽으며 보낸 뒤 퇴원한다. 그가 입원했던 신촌 세브란스병원은 경사로가 설치되어 있어 굳이 엘리베이터를 이용하는 데 시간을 허비할 필요가 없었다. 연세대에는 재활의학과가 있는데 그것을 전공하는 학생들의 현장 실습이 도움이 되어 비교적 순조롭게 재활치료를 받을 수 있었다. 도움을 받지 않고 식사를 하는 데 다소 팔의 힘을 조절해야 했지만 간신히 밥알을

입 안에 골인시킬 수 있었다. 양팔은 움직일 수 있어 스스
로 식사하는 연습과 용변을 보는 연습을 꾸준히 전개해 나
갔다. 재활치료를 받는 과정은 상호간에 실랑이를 벌이는
경우도 있었고 성질이 뭐 같은 환자들은 치료사들을 피곤
하게 하기도 했으니 상당히 인내심이 필요한 직업치료사의
세계이다.

세상 밖으로

일정기간의 재활치료를 받은 후 휠체어를 타고 병원을
나왔으나 유도선수시절 각종 대회우승으로 얻은 상금은 장
기간의 입원으로 인한 병원비, 수술비로 나가면서 사실상
빈털터리 신세가 되었다. 아내는 삯바느질을 하면서 생계를
꾸려나갔으나 남편을 돌보고 아이를 키우느라 이마저도 힘
에 부쳤다. 이에 마냥 있을 수만은 없다고 판단한 그는 일
자리를 찾아 나섰지만 아무도 그를 받아주는 곳은 없었다.
핑계도 다양하여 석유파동으로 경기가 안 좋다느니, 월남패
망으로 안 좋다느니, 그렇게 그는 번번이 좌절을 맛봐야 했
다. 그러던 어느 날 TV에서 몬트리올 올림픽에서 같이 대
련을 했던 동료가 유도부문에서 각각 은메달과 동메달을
획득하는 모습을 보면서 감회가 새로웠지만 이제는 잘나가
던 국가대표선수가 아닌 현실의 나로 만족해야만 했다. 그
래도 유도에 대한 미련을 버릴 수 없었기에 코치라도 하겠
다는 생각으로 학교를 방문하여 상담을 드렸지 빈손으로
나와야 했다.

"안녕하세요……. 저 알아보시겠습니까?"

"아니 정군 아닌가!"

졸업장도 받지 못한 채 교정을 나온 후 간만에 모교를

방문하여 재기할 수 있도록 자문을 구했지만 예상 외로 담당자는 고개를 저었다.

"코치라도 안 되겠습니까?"

"미안하지만 그 몸으로는 어렵겠네."

"코치는 할 수 있습니다."

아무리 호소를 했지만 담당자는 외면했다. 그는 허무한 마음으로 교정을 둘러보고 눈물을 훔치며 생각했다.

"정말 장애인이란 아무것도 할 수 없는가!"

유도협회, 스포츠계에서 그의 시대가 끝났다면서 많은 유도팬들 사이에서도 잊혀져갔다. 하지만 사고를 통해 실재한다는 것과 느낀다는 것에 얼마나 감사한지 깨닫게 되었다. 그나마 양팔이라도 움직일 수 있다는 것에 대해 감사했다. 휠체어를 손으로 움직일 수 있으니 그나마 완전히 식물인간이 되지 않은 것에 대해 감사했다. 그가 입원해 있던 세브란스 병원 중환자실에는 척수장애인이 한 명 더 있었다. 10년 전 척수암이 발가락에서부터 두개골과 신경계로까지 전이되어 C-1번에서 9번까지 완전 절단되어 사지는 물론 안면까지 마비되어 눈도 못 움직이고 입도 못 움직여 코에 호스를 끼고 영양제를 투입하였다. 배변은 물론이고 호흡조차 산소호흡기에 의존하였다. 환자의 가족들은 간병과 병원비 마련하느라 직장도 그만두고 집까지 팔고 골수이식수술까지 받는 초·중증장애인도 있었다. 그에 비하면 자신은

행운아라며 이 정도 장애를 인정하였다.

병문안을 온 교인들과 목사님은 병원비를 모았고 동료들도 이에 동참하였다. 생사를 넘나들었던 병원생활을 마치고 바깥세상으로 나왔으나 이때부터 길고 긴 방황의 시간을 보내야만 했다. 생각한 끝에 차라리 다시 병원으로 돌아가고픈 마음이 불현듯 일어났다. 가족들은 가뜩이나 힘들어하는데 이 말을 들으면 식구들을 더 힘들게 할 수는 없었던 것이다. 퇴원 후 일자리를 찾으려고 거리를 배회하던 중 우연히 병상에 있을 때 같은 병실에서 간병했던 한 아주머니를 만났는데 10년 동안이나 식물인간으로 뇌사상태에 있던 그 사람은 끝내 영안실로 갔으며 나머지 식구들도 이후 남산으로 불려간 뒤 행방을 알 수 없다는 그분의 눈물이 마치 남의 일 같지 않았다. 그분의 사연을 듣고 눈시울이 붉어지기도 했으나 내심 이 정도 장애가 다행이라고 생각했던 내 자신이 부끄러웠다. 나보다 못한 이웃을 위하는 것이 인간의 도리이거늘, 그렇지 못한 것이 못내 후회스러웠다고 느껴졌다. 어찌되었던 그 유족에게 뭐라고 해야 할까! 뭐라고 위로의 말씀을 드려야 할지 허무한 마음을 지울 수 없었다. 이를 두고 인생무상이라는 말이 있는지도 모른다.

장례를 마치고 완전히 궁핍한 생활이 계속되었다며 흐느끼면서 병원비 마련하느라 천문학적인 빚을 지게 되면서 그것을 갚지 못해 결국 주민등록이 말소되어 신원조회도

되지 않아 유족들이 간첩으로 오인받아 남산으로 불려간 뒤 행방불명되었다는 믿기지 않는 말씀에 몸서리가 쳐지기도 했다. 그 말을 듣고 그래서 한 번 건강을 잃으면 돌이킬 수 없는 일에 부딪힐 수 있다는 교훈이 되어주었다. 돈이나 명예를 잃으면 조금 잃는 것이라지만 건강을 잃으면 모든 것을 잃는다는 교훈이다. 당시에도 장기려 박사의 혜택(의료보험)을 받을 수 있던 시절이었으나 국가경제가 그리 빵빵하지 않던 시절이었기 때문에 그 혜택은 한정되어 있었다. 어린 시절 공산주의가 싫어 가족들과 함께 월남한 이후 철저한 반공교육을 받아 그 정신이 투철했다는 사람들에게 간첩이라는 누명을 씌웠다니 얼마나 기도 안 찰 노릇인가. 그럼에도 아주머니는 남 탓 할 것이 아닌 모두 팔자소관이라며 자신들의 운명을 탓하는 모습을 보면서 이건 아니다 생각하였고 용기를 잃지 말라며 위로해 주었다.

장애인을 위해 살아보리라

　그런 방황의 나날은 8년 동안 지속되었다. '왜 하필 나란 말인가' 하는 생각이 자신을 억누르기도 했고 세상에 대한 원망감도 들었으나 그렇다고 마냥 좌절할 수만은 없었다. 누구를 원망하고 누구를 탓할 수만은 없었다. 자신도 유도로 모든 것을 얻은 양 승승장구하고 있을 때 장애인들이 어떻게 살아가고 있을까 하는 생각은 전혀 하지 않았기에 그 오만함에 대하여 회개했다. 방황의 시간을 보내던 중 자주 드나들던 동네에 의용촌이 형성되기 시작했는데 월남전의 패색이 짙어가면서 참전용사들이 상이자가 되어 귀국하자 이들의 자립을 위해 형성된 마을로 이후 장애인들의 자립을 보면서 확신을 얻게 되었다. 자신의 처지를 마냥 한탄하고 있을 수만은 없었다.

　"그래! 이대로 주저앉을 순 없다."

　일자리를 찾아 나선 지 오랜 시간이 흐른 70년대 마지막 해의 겨울은 매우 을씨년스러웠다. 대망의 80년대를 앞두고 들뜬 분위기였으나 자신에게 대망이라는 말은 남의 말처럼 들렸기 때문이다. 그해 겨울은 유난히도 추웠다. 70년대를 보내고 80년대가 시작되는 무렵에 몰아닥친 2차 석유파동의 여파는 국내 경기를 한겨울의 한파처럼 완전히 얼어붙게 했으며 이로 인해 맥없이 쓰러지는 중소기업들을 보면서 사실상 구직을 포기하기에 이르렀다. 같은 시기 '한강의 기적'을 이룬 나라님이 서거했다는 소식은 마음을 침울하게까지 했다. 더 이상 일자리 찾는 데 청춘을 허비할 순 없었다. 재활을 위해 열심히 사는 같은 처지의 사람들의 모습을 보면서 무엇인가를 해야겠다고 결심하는 계기가 되었다.

"우리 장사라도 합시다. 밑천은 어떻게든 마련해보겠어요."

"하지만 무슨 수로?"

"이대로 허송세월만 보낼 순 없잖아요."

이에 앞서 그는 아내와 함께 독산동 이화아파트에 거처를 마련하고 단지 내에 3평 남짓한 조그마한 구멍가게를 시작하였다. 아내는 삯바느질을 하면서 밑천을 마련하여 '이화식품'을 개업하고 이후로 경제적인 기반은 어느 정도 마련할 수 있었다. 친구들의 도움도 구멍가게를 마련하는 데 뒷받침이 되었다. 그리고 장사를 하면서 결심했다. 이따금씩 장애인이 들러 물건을 구입하는 광경을 보면서 저들과 더불어 살아가야겠다고 다짐하였다. 필기시험은 무난했지만 면접에서 탈락한다고 어느 장애청년의 말을 들으면서 더욱 마음속으로 다짐하였고 그렇게 3년간 푼푼이 자금을 모았다.

'그래, 나와 같은 장애인들을 위해 일하자!'

그렇게 구멍가게를 하면서 모은 500만 원으로 '에덴'이
라는 이름으로 복지원을 설립하고 장애인 직원을 모집하기
시작했다.

다시 시작하는 거야

동료선수들은 그를 찾아와 자신들이 각종 대회에서 우승한 상금을 모아 그에게 건네주며 구멍가게라도 장만하라며 격려해 주었다.

"자네들한테도 신세를 많이 지는군!"

"그런 소리 말게, 우리가 어디 보통사이인가."

"친구라고 인심 쓰지는 말게 우리도 자네 가게에 자주 들러 매상 올려줄 테니까."

이렇듯 친구들의 우정이 그에게 자립할 수 있는 힘이 되어준 것이다. 중학교 때부터 동고동락했던 친구들의 배려가 국가대표로서의 자리를 지켜 준 스승 같은 존재였던 이들의 고마운 마음에 숙연해지기도 했다. 그러나 이화식품을 시작하고 1년이 조금 지난 어느 날 철거반원들이 무허가 건물이라며 건물을 철거하기 시작했다.

"이분은 장애인이오. 생계를 위해 운영하고 있다는 말이오."

"이유야 어쨌든 허가 없이 건물을 지을 수 없소."

건물은 마치 부서진 그의 몸속처럼 폐허가 되어 버렸다. 매장 내의 물건들이 하나둘 용달차에 싣는 모습을 속수무책으로 바라봐야만 했다. 이것은 구청이나 국가에 탄원서를 내야만 하는 절박한 상황이었던 것이다. 마침 물건을 사러 온 친구들이 아수라장이 된 식품점을 보면서 깜짝 놀란다.

"아니, 이게 어찌된 일인가?"

"무허가 건물이라며 철거반원들이 느닷없이……."

"이런 몹쓸 사람들 같으니라고!"

아내와 친구들은 호소문을 돌리기 시작하였고 장애인 수기공모를 통해 자신의 사연을 소개하면서 다시 식품점을 운영할 수 있었다. 식품점을 시작하던 시기는 한창 물가가 안정되던 무렵이어서 식품점의 매출도 상당히 호조를 보였다. 그렇지만 가게주인이 휠체어에 앉아 있는 모습을 보면서 물건 값을 지불하지 않고 그대로 튀는 사례가 많았다. 한두 번도 아니고 상습적으로 무전취식을 하는 양심 없는 고객 때문에 보디가드가 필요하였다. 아내는 학교에 복학하여 늘 혼자 상점을 지키는 날이 많았지만 운수좋은 날에는 단지 내에 거주하는 동료가 끝까지 추격하여 물건 값을 지불하지 않고 토끼는 개구쟁이를 혼내주기도 하면서 마음이 안정되었다. 매상이 좋다는 소문 때문이었는지 단도를 든 한 사나이가 주인을 결박한 뒤 계산대를 뒤지고 달아나는 사건이 발생하였지만 곧바로 체포되었다. 같은 단지 내에 거주하는 친구들이 든든한 보디가드가 되어 준 셈이다. 그를 다치게 했던 동료도 반갑게 맞아주었다. 그는 마음속에 있는 온유함으로 그 일을 잊고 새 출발하는 데 도움이 되어주었다. 만약 그러한 마음이 없었다면 평생 동료를 원망하면서 보냈을지도 모른다. 생명은 죽음보다 강하고 희망은 절망보다 강하다고 했다.

유도선수시절부터 쌓아 온 대인관계도 폭넓은 소유자로 스폰서가 되어주었던 기업의 도움으로 매점을 차리는 데 일조가 되기도 했다. 매점관리를 하다 보면 물건을 구입하는 사람들마다 휠체어에서 일어나지 못하는 자신을 보면서 앉은뱅이로 부르기도 했는데 아이들조차도 그런 말을 하는 것에 기분이 상하기도 했다. 지금은 그 표현이 완화되었지만 내가 어린 시절 아이들 사이에서 그러한 말이 오가곤 했다. 상점을 지키느라 그 시간 동안 성경을 읽기도 하고 찬양을 들으며 때로는 가까운 사람뿐 아니라 생판 모르는 사람에게도 전도하는 등 기독교신앙에 무지했던 그는 열정적인 신앙생활을 하게 되었다. 그가 모르던 사람도 그 사람은 덕환의 국가대표시절을 알던 열성팬이라며 반가워했다. 그것이 전도하는 데 도움이 되었다. 독산동 이화아파트는 필자와도 인연이 있었다. 어머니의 여고동창이 그 아파트에 살고 계셨고 초등학생 때 어머니와 함께 놀러 다니곤 했다. 지금은 식품점 자리에 주차장이 확장되어 있으며 단지도 현대식으로 리모델링되었다. 식품점을 개업한 지 3년째 되던 어느 날 덕환은 곰곰이 생각하였다.

사업을 시작하다

"주변에는 나처럼 아픔을 겪는 장애인들이 많은데 혼자 부귀영화를 누리려고 하는 것 같아 마음이 편치 않은 것 같소!"

그는 구멍가게를 하면서 모은 500만 원으로 장애인을 위해 일하자고 결심하면서 가게를 정리하고 사업장 부지를 마련하기 위해 수주활동에 들어갔다. 한창 잘되던 가게를 정리한 것에 섭섭해하던 가족들에게 자신만이 아닌 주변의 장애인과 함께할 수 있는 일터를 마련하자며 서운함을 달래주었다. 아내의 삯바느질과 친구들의 도움으로 장만한 이화식품은 나름대로 자립의 기회를 마련할 수 있었던 첫 경험이기도 했다. 하지만 식품점을 운영하면서 고심한 끝에 3년간 모은 돈으로 공장 부지를 마련하기 위해 부동산을 전전했으나 그에게 주어진 것은 동전 몇 푼이었다. 그러나 여기서 멈추지 않았고 자신의 뜻을 알아주는 부동산을 찾기 위해 시내를 돌아다녔다.

"누가 한 푼 줍쇼, 이렇게 말하려고 했나……."

그는 부동산을 수소문한 끝에 그에게 사업장 부지를 마련해 주는 업자를 만날 수 있었다. 독산동에 위치한 상가건물을 소개받고 입주한 그는 1983년 전자제품을 납품받은 뒤 직원을 모집하였다. 그런데 작업실이 5층이라 사람들의 도움을 받아야 했다. 입구에서 한참을 기다려서야 건물 안의 직원으로 보이는 몇 명이 나와 휠체어를 들고 가파른 계단을 올랐다. 간신히 작업실에 도달한 이들은 감사의 말을 하자 아래층의 직원들은 괜찮다는 듯 손을 내저으며 말했다.

"뭘요. 가스 배달하는 사람은 이보다 더 많은 계단을 오르내리는데요."

우여곡절 끝에 수주를 따낸 그는 직원을 모집하고 5명의 장애인들이 찾아오자 일감을 주었다. 전자부품을 조립, 납품하면서 직원들도 성실하게 일했으나 이미 그 건물은 부도가 난 상태였다. 건물주가 잠적하자 집달리는 작업도구들과 함께 원장과 직원들을 밖으로 내보냈다.

"미안하지만 이곳을 비워주어야겠소."

"사정은 딱하지만 어쩔 수 없네요!"

정덕환 원장은 직원들의 사정을 호소하고 하루만이라도 더 있게 해 달라고 부탁했으나 매정하게 거절하고 작업실을 폐쇄하였다. 그는 하늘을 하염없이 쳐다보면서 한참을 앉아 있다 텅 빈 공장을 바라보면서 발길을 돌렸다. 하지만 여기서 멈출 수는 없었다. 그렇지만 뜻이 있는 곳에 길이 있었듯이 한 사람이 카메라를 들고 주변을 취재하고 있었다. 얼핏 보아 기자인 것 같았다.

"무얼 하려는 것이오?"

"예, 저는 J일보의 사회부 기자입니다."

이 광경을 보던 하나님께서 기자를 보내주셨다는 생각이 들던 순간이었다. 그는 안도의 한숨을 쉬면서 취재에 협조하고 이것이 신문에 보도되면서 정부지원을 받게 되었다. 슬레이트와 시멘트로 대충 지어진 듯한 낡은 건물을 임대받아 개봉동에 새 둥지를 틀어 마련한 복지원은 그야말로 초라하기 그지없었다. 창문은 유리 대신 판자로 한쪽만 막아져 있었고 냉난방을 하는 것만으로도 사치스러울 정도였다. 일감을 구하지 못하는 날은 굶주리기도 했다. 그 후로 비닐 쇼핑백으로 제품을 바꾸고 작업을 다시 시작했으나 마찬가지였다. 정부지원이 한계에 부딪히면서 스스로 사비를 마련하여 설비를 갖추기에 이르렀다. 물론 에어컨이나 보일러 설치는 엄두도 못 내던 형편이었다. 직원도 20명으로 늘어났지만 인원수에 비하면 턱없이 협소한 공간이었기에 보일러는 고사하고 재래식 난로조차도 설치할 공간이 없었다. 그나마 사재를 털어 직원들의 월급과 제품구입에 사용되었고 이마저도 부족하면 대출을 받아야만 했다. 때문에 식단도 고기반찬은 엄두도 내지 못하는 형편이었음에도 일한 뒤 먹는 새참은 꿀맛이었다. 커피자판기를 설치할 비용이 없어 수돗물을 받아 마시기도 했고 아침 일찍 인근의 약수터에서 샘물을 받아 마시기도 했다. 이 같은 열악한 환

경 속에서도 장애인 직원들은 일할 수 있는 보람에 미소를
잃지 않았으며 그렇게 서서히 복지원을 운영하는 데 가닥
을 잡는 듯했다.

장애인선교교회를 세우다

에덴복지원에는 또 다른 이름이 붙었다. 전도사가 된 아내와 함께 복지사업을 펼치게 되면서 "장애인선교교회"라는 이름을 지었다. 직접 기존의 교회에서 찬양봉사를 하기도 했다.

"찬양합니다~찬양합니다 아~아~주를 찬양합니다……."

1985년 선교교회라는 간판을 내걸고 작업에 들어가기 전 예배를 드리고 목회자 과정을 밟고 있던 아내 이순덕 전도사는 직원들과 함께하는 시간도 가졌다. 그런데 장애인선교교회라는 이름을 지으면서 이후에 타종교단체에서는 에덴복지재단이 장애인복지사업이라고 하지만 사실상 선교사업을 펴고 있다며 문제를 삼기도 했다. 필자가 어린 시절 살던 동네에도 교회가 많았다. 내가 섬기던 교회 바로 뒤편에도 교회가 있고 지금 다니는 교회에서도 몇 발짝 안 가서 교회가 또 나온다. 같은 지역의 기존건물에 딸린 개척교회까지 합하면 그 수를 헤아릴 수 없을 정도이다. 이것을 보면서 우리나라의 기독교는 상당한 성과를 이루었다고 볼 수 있다. 요컨대 아시아에서 우리나라만큼 기독교문화가 활성화된 나라도 없다. 일본, 대만, 필리핀, 러시아도 기독교가 있지만 우리나라만큼의 영향력을 갖지 않았다. 우리나라가 미국에 이어 세계 2위의 선교사 파송국이라고 하니 그만큼 우리나라가 기독교문화에 있어 중대한 역할을 하고 있다는 증거이다. 우리나라의 기독교인구가 서울시 인구와 맞먹는 수였고 지금은 그 규모가 줄었다지만 기독교 역사 120년 남짓한 동방의 작은 나라에서 이만큼의 과업이 성사되었다는 것은 상당한 성과라 할 수 있다.

정 원장은 장애인시설이라기보다 복지와 선교에 중점을 두는 사업을 목표로 하고 시작하였다. 그러나 이후로도 주민들의 반발은 계속되었다. 노랫소리가 시끄럽다며 틈만 나면 항의가 들어오면서 난색해지기 일쑤였다. 이와 같이 열악한 시설과 주변 환경을 비롯해 순조롭지 않은 여건 속에서도 직원들은 꾸준히 증가했지만 문제는 주민들의 반발이었다. 그러나 더 큰 문제가 발생했으니 1987년 태풍 '셀마'의 영향으로 서울에 집중호우가 쏟아지면서 공장과 사무실이 물에 잠기고 하수구가 넘치기 시작했다. 개봉동에는 하천인 안모천이 근접해 있어 장마와 집중호우가 쏟아지면 만반의 경계를 갖추어야 했다.

"우르릉…… 쾅!"

"후두둑……."

"앗, 물이 범람하고 있다."

장대비가 쏟아지면서 직원들은 비상에 돌입하였다. 하수구 위에 사무실을 마련한 것이 침수를 유발한 셈이었다. 그는 누워 있던 상태에서 물이 차 올라오기 시작하자 직원들은 부리나케 달려와 몸을 일으켜 부축하고 휠체어로 옮겨드렸다. 다행이 앞으로 반듯이 누운 상태였기에 목숨을 건질 수 있었던 것이다. 그렇지만 방문 폭이 좁아 휠체어가 들어갈 수 없는 사무실이었다.

"원장님이 위험하다, 빨리 오게……."

"이제 어떡하지, 납품해야 할 물건들이 모두 사라져버렸어……."

"지금 물건이 중요한가! 사람부터 살리고 봐야지……."

"조심하게, 부품이 물에 젖어 감전될 수 있어……."

당시 한반도 주변에 영향을 주었던 기상관측에 잡힌 태풍은 셀마뿐만이 아니었다.

엘릭스, 패트, 루비 등등…….

"다 틀렸어, 제품이며 상품, 몽땅 물속으로 사라져버렸어……."

"여기서 주저앉을 수는 없어, 다시 시작하는 거야."

"사무실을 새로 얻을 수 있을까요?"

그러나 간신히 얻은 사무실로 폐허로 변해버렸으니 새로 시설을 마련할 자금도 바닥나면서 자리를 떠야 했다. 수해로 모든 시설이 떠내려가고 이들은 하는 수 없이 다른 곳을 전전했으나 사업은 뜻대로 되지 않았고 이로 인해 남아 있는 건물조차 은행에 담보로 잡히면서 자고 나면 쌓이는

건 빚더미뿐이었다. 더 이상 갈 곳이 막막해진 이들은 하염
없이 하늘만 쳐다보면서 한탄하였다. 그래도 납품받은 물건
이 남아 있어 임시로나마 천막을 치고 생산을 계속하였다.
그러나 남아 있던 물품도 바닥나면서 새로 제품을 납품받
으려 했으나 장애인이 대부분인 데다 텐트를 사무실로 하
는 공장에 선뜻 납품을 해주는 업체가 없었다. 일감이 많으
면 잔업을 하기도 했고 숙식을 하기도 했으나 그 시간들은
매우 짧았다.

내 사전에 절망은 없다

 그렇게 천막에서부터 다시 시작한 공장은 쓰레기봉투를 생산하기 시작하면서 압류되었던 시멘트 건물을 다시 얻어 납품을 재개했다. 서울올림픽 이후 장애인올림픽경기를 보면서 감회가 남달랐다. 운동선수출신으로 스포츠경기를 즐겨보기도 하지만 그때마다 국가대표시절이 떠올라 딜레마에 빠지기도 했다. "나도 한때 저런 시절이 있었지……."라고 회상에 잠기기도 했지만 과거에 대한 미련 따위에 사로잡힐 수만은 없었다. 현실에 만족하기 위해서는 지나간 시절에 대한 미련에 두고만 있을 수는 없었다. 서울 올림픽대회에서 우리나라는 종합4위라는 성적을 거두었다. 이것으로 우리나라는 명실상부한 스포츠선진국으로서의 발돋움을 한 것이다. 스포츠선진국이 된 만큼이나 복지선진국으로의 성장을 바라던 때였다. 하지만 주변의 인식과 벽은 높았고 마음을 안정시키지 못하면서 그렇게 기도 반 원망 반으로 하늘을 바라보면서 눈을 지그시 감고 하나님을 향해 속마음을 내뱉었다.

 "하나님, 정녕 나를 버리려 하십니까!"

 그렇지만 그의 기도는 헛되지 않았다. 교우들의 도움으로 새로 제품을 납품받을 수 있었고 이들은 새로 부지를 얻을 때까지 복개천에 임시로 부지를 마련하고 천막을 지어 공장으로 활용하였다. 우여곡절 끝에 건물을 지었으나 새로 마련한 업체의 운영은 순탄치 않았다. 서울올림픽에서 우리나라는 종합4위를 차지하였다. 그러나 이때까지만 해도 월급을 주지 못하는 날이 많았고 직원들의 불만은 날로 높아져 갔다. 직원들 가운데서는 불만을 겉으로 표현하기도 하는 직원도 있었지만 원장님의 마음을 헤아려주는 직원도 많았다.

"밀린 월급 주세요."

"미안하게 됐네, 조금만 더 기다려주게……."

"도대체, 한두 번도 아니고 너무하네요!"

그는 직원들한테 면목이 없을 정도로 미안한 마음이 들었다.

"원장님을 이해해 주면 안되겠니?"

직원들도 겉으로는 불만이 쌓였으나 속으로는 심정을 이해해 주려고 애쓰는 모습이 역력했고 그때마다 이순덕 전도사는 이들을 달래주고 기도를 해주었다. 직원들이라고 원장님의 마음을 전혀 모르는 건 아니었다. 때론 원장님의 마음이 곧 내 마음인 것처럼 안쓰러워하는 직원도 있었다. 그때마다 기도를 해주면서 직원들도 마음은 편하게 가졌지만 무언가 터놓고 하소연하고 싶은 마음이 간절하기도 했다. 일부는 소득이 없는 일을 하는 것은 의미가 없다며 그만두는 직원도 있었으나 끝까지 자리를 지키며 같이 생활하는 직원이 많았다. 그러나 직원 몇 명이 또 그만두고 공장문을 나서자 위기감이 고조되었다. 그렇지 않아도 열악한 환경에 임금마저 체불이 되면서 직원들의 불만은 날로 높아져가고 있었다.

"직원들이 하나둘씩 떠나고 있어요."

"어떻게 되든 저희들은 항상 원장님 곁에 있을 것입니다."

"어디에서 무얼 하든 잘되겠죠."

그러나 에덴을 떠났던 직원들은 1년도 채 되지 않아 되돌아오기 시작했다. 쓰레기봉투를 생산하게 되면서 알았는지 새 직장을 구한다는 게 순조롭지 않았던 것이다. 막상 되돌아왔어도 차마 공장 안으로 들어가지 못하고 기웃거리는 일로 날을 보내곤 했다. 어쩌면 혼란스러운 입장이었는지도 모른다. 곧 기존의 직원들과 원장님을 보자 당황해하기도 했지만 원장님과 동료직원들은 되돌아온 이들을 반갑게 맞아주었다.

"아니 이게 누구야……..!"

"형제님 아니세요?"

수줍어 말을 하지 못하다 겨우 말을 걸었다. 행여나 마음이 변하지 않았을까 두려움이 생기기도 했으나 그는 용기를 내어 말을 건넸다. 그래도 여기만 한 곳이 없었다고 생각했기 때문이다.

"지난날의 무례를 용서해 주세요."

"저도 마찬가지입니다."

"잘 왔어요, 앞으로 열심히 해보세요."

이후로 새로운 직원이 들어오고 기존의 직원들이 떠났다 되돌아오면서 직원들은 기하급수적으로 증가하고 생산량도 늘면서 예전의 사업기반을 늘릴 수 있었으나 주민들과의 마찰도 그만큼 늘어나기 시작했다. 간혹 괴성을 지르는 장애인직원으로 인해 비명소리로 착각하여 순찰 중인 경찰이 들이닥치기도 했고 주민들의 민원이 들어와 무허가 건물 시비가 붙는 경우도 다반사였다.

"이보시오, 좀 조용히 합시다."

"죄송합니다."

그렇지만 주민들 때문에 사무실을 이전할 수는 없었다. 그렇게 주민들을 설득하기 위해서는 교인들의 협조가 필요했다. 집사회가 이들을 전도하기도 했지만 믿지 않는 주민들이 많아 주의하면서도 애를 태우기도 했다. 무엇보다도 직원들의 불만이 높아져만 가고 있다는 것에 대해 마음이 무거웠다. 이순덕 전도사는 이들을 달래려 애쓰는 모습이 역력했다. 물론 직원들도 이해하지 못한 것은 아니었지만 왠지 불만스러웠다.

"원장님께서는 여러분들을 사랑하십니다."

"원장님께서 저희들에게 월급을 주려고 최선을 다하고 있다는 사실은 저희도 인정하지만 당장에 생계가 막막한걸요."

"일찍이 아버지를 여의고 어머니는 몸져 누워계시지만 입에 풀칠하기조차도 빠듯한 가정 형편 때문에 치료도 못 받으시고……."

"여러분의 마음을 헤아려 주실 분은 오직 예수님뿐이십니다."

정 원장은 추가대출을 받아보려 은행 문을 두드렸으나 쉽사리 대출받지 못하였다. 생산량이 늘어나지 않아 체납이 계속되다 보니 이로 인한 신용경색이 우려되는 시점에서 대출은 엄두도 내지 못하는 상황이었다. 그럼에도 자신의 처지를 설명하면 이에 금융권이 감동하여 대출을 해줄 것 같은 생각에 도전해 보았다. 그러나 예상했던 대로 쉽사리 대출을 받지 못했다. 장애인의 말을 곧이 들어줄 리 만무하였거니와 자신의 존재를 증명할 수 있는 자료가 불충분했던 것이다. 대출을 승인한 금융권도 있었으나 예상 외로 높은 이자를 책정하여 하는 수 없이 휠체어를 돌려야만 했다. 국가적으로 수출이 부진하던 시기여서 신중하지 않으면 또다시 낭패를 보기 십상이기 때문이다. 열악한 시설과 작업환경도 요인이었다. 여타와 마찬가지로 대출을 거부당하고 빈손으로 은행문을 나섰다. 사업을 하기 위해 복덕방을 전전하던 시절이 연상되던 것처럼 여러 곳의 은행문을 두드려보았지만 대부분의 은행에서 휠체어를 탄 장애인이라고 거부하는 은행도 있었고 채무액이 눈덩이처럼 불어나면서 등을

돌렸다. 은행문에 들어서기도 전에 경비와 청원경찰에 제지
당하는 경우도 많았다. 이자는커녕 원금조차도 갚지 못한
상태에서 대출을 받기란 생각처럼 순탄하지 않았다. 공장을
돌리면서 원금, 이자를 갚으려면 납품받은 제품을 생산해야
만 하는데, 그렇지 못한 상황이었다.

다시 원점으로

그렇게 그는 다시 휠체어바퀴가 닳도록 은행을 찾아다녔지만 선뜻 대출을 해주는 은행을 찾기란 서울에서 김 서방 찾기였다. 하는 수 없이 처음 문을 두드린 금융기관을 찾아갔으나 마찬가지였다.

"더 이상은 곤란합니다. 지금까지 원금도 완납하지 않으셨잖아요."

막연히 되돌아올 수도 없었다. 월급을 주지 않으면 직원들은 나에 대한 신뢰를 잃게 될지도 모른다는 생각이었다. 빈손으로 돌아올 수도 없고 계속해서 가까운 금융권의 문을 두드렸으나 성과를 얻지 못하였다. 직원들에게 지급할 월급은 고사하고 당장에 임대료조차도 내지 못하는 상황이었다. 이대로 직원들을 뵐 면목이 없을지도 모른다는 막연한 생각 때문에 지푸라기라도 잡고 싶은 심정이었다. 그나마 위안이 되어 준 것은 당장 식대조차 해결할 수 없는 궁핍한 상태에서 간만에 부모님께서 불고기를 싸들고 오셨다.

"네가 고생하는 것을 생각하니 안쓰럽구나, 이걸 사가지고 왔으니 직원들에게 먹이렴……."

고기를 처음 먹어보는 직원들이 한참 맛있게 먹는 모습을 보면서 자신은 먹지 않아도 배가 불렀다. 그래도 전혀 먹지 않으면 어색하기에 몇 점 집어먹었고 간만에 먹어보는 고기였지만 직원들을 위해 양보하였다. 배고픈 시기였으나 부모님이 만들어 오신 불고기 몇 점에 가장 배부른 날이기도 했다.

"월급을 주지 못해 미안하구나! 이것이 이번 달 월급일세."

커다란 강당에서 실력을 발휘하던 아들이 이러한 밀폐된 공간에서 생활하고 있다는 것에 대해 부모님의 마음은 저미기도 했다. 그럼에도 전혀 힘들어하는 기색 없이 오히려 부모님께 죄송한 마음에 대견스러울 뿐이었다. 국가대표로 나라를 빛내고 부모님께 효도하려 했는데 이러한 모습으로 뵙게 되니 면목이 없다고 생각하였다. 그렇지만 직원들도 원장님 부모님의 정성들인 고기 맛에 활력을 되찾았다. 그러나 이것으로 만족할 수는 없었다. 다시 대출을 받아야 했기 때문에 원점에서 시작하여 은행문을 두드리기 시작했다. 하지만 이전부터 제품납품을 위해 받은 대출원금과 이자가 남아 있었고 모두 탕감하려면 생산량이 꾸준히 증가해야만 했다. 연체를 계속할 경우 또다시 공장을 비워야 하기 때문에 납품받은 제품을 생산하려면 주문이 꾸준히 들어와야 했다. 그러나 웬만한 중소기업들은 고전을 면치 못하던 시기였고 더구나 법인으로 인정받지 않은 공장을 선뜻 지원하려는 업체를 구하지 못해 발만 구르기 십상이었다. 하는 수 없이 재대출을 받으려 생각했지만 순탄치 않았다. 그러나 문제는 신용이었고 융자를 얻어 사용한 이자와 원금을 모두 갚으려 아내는 전도사로 활동하면서 모은 자금을 투자하였다.

우연히 옛 국가대표선수시절의 동료를 만나게 되면서 다시금 큰 힘이 되어 재기할 수 있는 밑거름을 마련하는 계기가 되었다. 서로 다른 입장으로 만난 이들이지만 마음만은 과거 의기투합하던 시절의 모습이었는지도 모른다. 선뜻 그 앞에 나서기가 꺼린 것은 그를 일어나지 못하게 한 올림픽 은메달리스트였는지도 모른다. 자신의 과실로 동료를 불구자로 만들었다는 자책감이 만연했다. 같이 대련을 했던 친구는 그에게 미안한 마음이 없지 않았기에 발걸음이 무거웠지만 예상 외로 그는 동료들을 밝은 표정으로 맞아주었다. 그래도 간만에 만난 동료였기에 내심 반가웠다.

"어이…… 덕환이 오랜만일세, 나 모르겠는가?"

"아니 영철이 아닌가! 여긴 어떻게 알고……."

"TV에서 자네 사업체가 나오더군, 그래서 수소문 끝에 찾아왔지……."

"몬트리올 올림픽에서 자네가 금메달을 획득한 모습을 보고 자랑스러웠네."

"고맙네, 하지만 기쁨보다는 동료를 다치게 한 죄책감에 마음이 무거웠는걸."

"어쨌든 내 몫을 대신 해주었지 않은가!"

"그때 식품점을 계속했더라면 좋았을 텐데 뭣 하러 사서 고생을 하는가!"

"그런 소리 말게 이게 어디 나 혼자 잘 먹고 잘살자고 하는 일인가, 이전에 식품점을 경영하면서 곰곰이 생각해 보았는데 주변에는 나와 같은 아픔을 가진 장애인들이 많다는 걸 그때서야 깨달았다네."

친구의 마음을 헤아려주는 마음에 내심 눈시울이 붉어지기도 했지만 그를 불구자로 만들었다는 미안한 마음은 지울 수 없었다. 그는 이미 지난 일이라며 오히려 자립할 수 있게 해 준 것에 대해 고마움을 느꼈다.

"우리가 조금 보탬이 되었으면 하는데……."

"고맙네, 하지만 더 이상 자네들한테 신세 지고 싶진 않네."

친구의 도움을 받는다는 것은 자존심이 허락지 않았기 때문이다. 하지만 타인의 도움이 절실하다고 생각하지 않을 수도 없는 상황이었다. 더 이상 나아갈 수도 물러날 수도 없는 절박함 속에서 다시 하늘을 향해 눈을 들기 시작했고 그렇게 기도 생활은 시작되었다. 손대는 일마다 계속 꼬이게 되면서 도무지 돌파구가 보이지 않는 절망적인 상황이었으나 이것으로 위에 계신 하나님께 더욱 매달렸다. 더구나 몸 전체를 움직이지 못한다는 것이 자신으로 하여금 사람들 앞에 나서지 못하도록 한 것이다. 게다가 틈틈이 받아야만 하던 물리치료 과정에서 나가는 예산은 삶 자체를 고달프게 만들었다. 주위의 차가운 시선도 그를 더욱 힘들게 하는 요인 중 하나였다. 이런 상황 속에서도 정 원장은 아내가 섬기는 교회로 갔다. 무언가 하나님 앞에서라도 터놓고 이야기를 하지 않으면 마음이 흔들릴 것 같은 생각에 두 손을 모아 기도에 열중하기 시작했으며 자신만이 아닌 직원들을 위해서라도 기도를 했다.

그리고 아내와 부모님을 위해서…….

"주여! 우리와 함께하는 저 어린양들의 길을 열어주시옵소서, 주님께서 길을 열어주시지 않으면 우리는 갈 곳이 없습니다."

이렇게 목 놓아 기도를 드리면 자신도 모르게 눈에서는 눈물이 흘러내리기도 했다. 시간이 얼마나 갔는지 알 수 없었지만 한참을 그렇게 앉아서 기도를 드렸다. 그래서인지 마음만은 후련해지면서 편안해지기 시작했다. 그 상황 속에서 유일하게 도움을 준 것은 아내였다. 아내는 전도사로 활동하면서 생활비를 쪼개 은행 빚을 갚았고 공장시설을 다시 가동할 수 있었다. 그 결과 이듬해 쓰레기 분리수거라는 새로운 제도가 시행되면서 사업을 재기할 수 있는 발판을 마련할 수 있었던 것이다. 그를 항상 곁에서 지켜보며 함께한 아내 이순덕 목사도 신앙으로 큰 힘이 되어주었다. 그

후 신앙간증집 <절망이 나를 흔들어도>를 내고 신앙생활에도 열중하면서 새로운 사업을 구상하기 시작했으며 그 재정은 판매수익금으로 보충하기도 했다. 그러나 대출받은 원금과 이자를 갚고 나서 또다시 재정난에 전전긍긍하고 있을 때마다 아내와 친구들은 든든한 후원자가 되어주었다.

"두드려라 그러면 열릴 것이다."

"우리 다시 시작할 수 있어요."

"조금만 더 힘을 냅시다."

정 원장 부부는 이들과 함께 속으로나마 바랐다. 그렇게 직원들을 아울러 기도를 드렸다. 이순덕 목사도 전채 직원들을 아울러 위로의 기도에 전념하였다. 직원들도 이순덕 목사와 정덕환 원장의 기도에 맞추어 눈을 감았다. 그렇게 손을 잡고 기도를 드리면서 직원들도 마음의 안정을 가다듬기 시작했다. 그렇게 기도를 하는 시간을 가지면서 차츰 서로간의 마음을 이해할 수 있었다. 직원들도 물론 처음부터 이해하지 않은 것이 아니라 경제적 여건 때문에 신경질적인 반응이었던 것이다. 겉으로 표하지는 않았더라도 속으로는 불만이 쌓이기도 했다.

서울올림픽

　서울올림픽이 열리고 이어 장애인올림픽이 열렸는데 비장애인선수 못지않은 패기와 열정이 사뭇 화면을 빛내주었다. 선수들 대부분은 휠체어를 탄 장애인이 많았기에 마치 남의 일 같지 않았다. 국제대회를 비롯하여 국내에서도 대회를 치르는 동안 한국유도는 선전을 거듭하였다. 몬트리올올림픽의 박영철, 조재기 선수를 비롯하여 LA올림픽의 하형주 선수가 이 부분에서 각각 금, 은, 동 메달을 획득하므로 우리나라는 명실상부한 스포츠강국으로 불리는 쾌거를 이룰 수 있게 되었다. 현재는 이원희 선수가 한국유도의 계보를 이어가고 있으며 최근 베이징올림픽에서 왕기춘 선수가 유도부문에서 은메달을 획득하여 또 한 번 대한민국의 위상을 떨쳤다.

　"손에 손잡고~벽을 넘어서~서로 서로 사랑하는 하나가 되자아~손잡고 오~오~손에 소오온~손잡고~오……."

　노랫말처럼 장애인과 비장애인이 서로 손잡고 하나가 되어 동등하게 일하면 그것이 더불어 살아가는 복지사회가 아닌가 싶다. 아무리 높은 벽이라 할지라도 한마음이 되면 넘지 못할 벽은 없다.

　요즈음 TV공익광고 내용 중에 움직이지 못하는 것이 아니라 움직이는 방법이 다를 뿐이라는 선전이 있다. 하지만 현실은 여전히 높았으며 그 벽을 허물려는 우리사회의 장애인의 노력을 바라보는 인식이 필요하다. 금년에 꽃피는 춘삼월경 장애인차별금지법이 제정되면서 장애인단체는 이를 두고 역사적이라는 표현을 했다. 겨울이 지나면 봄이 오듯이 장애인 등 소외계층들이 기지개를 펴고 살 수 있는 여건이 조성되었다고 볼 수 있다고 말하기에는 왠지 씁쓸한 기분이 없지 않다. 스스로 장애인에 대한 인식을 깨우치지 못해서 결국 법으로 다스려야 하는 대한민국의 현실이 그다지 달갑지만은 않다. 세계 최빈국이었던 대한민국이 세계와 어깨를 나란히 하는 모습을 보면서 감회가 남달랐다. 하지만 우리경제는 또다시 암울해지고 있다. 2012년 이후 일자리는 15만 개 이하로 줄어들 것이라는 극단적인 비관론이 나오고 있다고 한다. 정부는 이를 타개하기 위해 우선적으로 복지지출을 줄이려는 정책을 내세우고 있지만 이에 장애인계의 반발이 만만치 않을 것으로 예상된다. 복지정책이 최절정에 달하던 지난 2002년 한 뇌성마비 장애인이 생계비 26만 원으로는 살아 갈 수 없다며 자살한 일이 있었다.

그런 상황에서 복지지출을 늘려도 시원찮은데 오히려 지출을 줄이겠다는 것에 대해 장애인 단체에서는 불난 곳에 휘발유를 붓는 격이라며 반발할 것으로 예상되기 때문이다. 어쩌면 이러한 현실에 속수무책으로 바라보아야 하는 실정인지도 모른다. 경제가 성장해야 복지도 향상될 수 있다. 일자리가 점점 줄어들고 있어 능력이 없어도 잠재능력을 펼칠 수 있는 장이 갈수록 줄어들고 있는 상황에서 장애인들은 복지예산 지원금에만 기대할 수밖에 없을 것이다. 우려대로라면 2010년 이후 아르바이트나 비정규직이라도 달라는 청년실업자들이 봇물을 이루게 될 것이다. 그렇게 된다면 정부가 추진 중인 에이블 2010은 재고해야 할지도 모른다. 서울 올림픽은 총 161개국이 참가했고 당시만 해도 미수교국이었던 소련과 중국이 참가하면서 사상 최대 규모의 성과를 올린 올림픽대회로 평가되었다. 이처럼 우리나라가 발전한 만큼 장애인 복지도 발전한다면 금상첨화일 텐데 하는 생각이다. 86년 아시아 경기대회에 이어 88년 서울올림픽을 잇달아 치른 우리나라였다. 이제 자신에게 선수로서의 미련은 머릿속에서 흘려버린 뒤였다. 그렇지만 그 와중에도 한없이 그때의 화려했던 기억들이 주마등처럼 떠올라 미쳐 버릴 것만 같았다. 그렇게 그는 기도를 하면서 과거를 기억 속에서 지우려 애썼다.

"주여! 과거로부터의 기억을 지워주소서……. 과거에 사로잡혀 현실을 인정하지 않는 우를 범하지 않도록 할 수 있게 해 주시옵소서……."

이제는 더 이상 유도인이 아니었다. 장애인들을 위해 일하겠다는 다짐이 자칫 과거의 망상에 갇혀 소홀해지지 않을까 하는 우려이기 때문이었다. 그래서 시작한 것이 복지 사업이었다.

"어떠한 시련이 닥쳐도 결코 넘어지지 않으리라. 넘어져도 다시 일어나리라. 넘어져도 다시 일어서는 오뚝이처럼……."

돌파구가 보이지 않아 막막하기만 했던 그때 바라볼 곳은 하늘밖에 없었다. 그렇게 포기 할수도 없는 절박함 속에서 하늘을 향해 눈을 든 것이다. 그렇게 하나님을 찾아 부르짖을 수 있었다는 것에 대해 다소나마 마음을 편하게 해주었다. 이렇게 정덕환 원장은 기도를 하면서 확신을 얻게 된 것이다. 길이 열렸다는 것은 그만큼 신앙심과 의지로 맺은 열매였다. 이것으로 90년대에 들어서 쓰레기봉투 생산을 시작하면서 차츰 자신감을 얻을 수 있었다. 이렇게 꾸준히 기도에 열중하던 그에게 그 결실을 맺게 되었고 이것은 곧 하나님의 응답으로 이어졌다.

절망을 넘어서

여기서 주저할 순 없었다. 정 원장은 아내가 부목사로 시무하는 영락교회를 찾아가 십자가 앞에서 기도를 드리던 그에게 한경직 목사님이 다가와 말을 건넸다. 종교계의 노벨상이라 불리는 템플턴상에 빛나는 한경직 목사님을 뵈면서 다시금 봉사정신을 위해서라도 열심히 해야겠다는 각오를 하게 되었다.

"목사님, 저희 사업체가 인정받으려면 어떻게 해야 되나요?"

"우선 법인을 만들도록 하시오."

그의 사업은 1989년 쓰레기 분리수거가 시작되면서 쓰레기봉투를 생산하기 시작했고 이듬해에 사회 법인으로 등록을 하게 되면서 재개를 할 수 있었다.

"바로 저거다!"

쓰레기봉투 수요가 늘어날 때까지 전자부품납품을 계속하였고 법인으로 등록한 이후 쓰레기봉투 수요는 늘어나기 시작했다. 이로써 매출량도 조금씩 증가하기 시작하면서 이들은 개봉동에 땅 230평을 매입하여 제 집을 마련할 수 있었다. 이후 이름도 "에덴 하우스"로 바꾸고 공사를 시작했으나 주변의 아파트마다 주민들이 플래카드를 걸고 반발하기 시작했다.

"아이들 교육에 지장 주는 장애인시설 웬 말이냐!"

"아무래도 주민들의 반발이 심해 곤란할 것 같습니다."

주민들은 이것으로 그치지 않고 아예 의자를 깔고 앉아 농성을 벌이기도 했다.

"이곳에 건물을 지을 수 없습니다."

처지를 봐달라며 사정을 해도 막무가내인 주민들을 설득하기 위해 허가를 내어 준 구청장을 찾아가 주민들을 설득시켜 달라고 호소하기도 했으며 구청장이 선뜻 나서서 주민들을 설득했으나 구청장이 돌아간 뒤 다시 시비를 걸어오는 주민도 있었다. 그러나 개봉동 장애인복지시설 건립을 반대하는 보도가 뉴스에 나간 이후 여론의 비난을 받게 되자 주민들의 반발은 수그러들었다. 그래도 주민들을 끝까지 설득시키기 위해 떡을 돌리며 거리청소를 하는 등 주민들의 인식을 돌려보도록 노력하였다. 그의 아내는 전도사로 활동하면서 목회자 과정을 밟고 있었다. 우여곡절 끝에 원룸형 복지원 건물이 완공되었고 이제야 제대로 된 시설을 운영할 수 있게 되었다며 기뻐하였다. 그는 간증집을 통해 작가로 입지를 굳히기도 했으며 그 기질은 식품점을 운영하던 시절 보건복지부 주최로 장애인 수기공모에 당선되면서 필력을 인정받았다. 이들은 주민들의 시선을 돌려보려고 매일 아침마다 거리청소에 나섰다.

"좋은 아침입니다!"

"안녕, 꼬마야……."

"엄마, 저 사람들 무서워……."

한 안면장애인이 꼬마아이에게 인사를 하자 울면서 뒤로 숨었다. 그러자 아이 엄마는 인상을 찌푸린 채 슬그머니 이들 주변을 피하기도 했다. 날마다 직원들과 함께 거리청소를 하면서 이웃주민들과의 신뢰를 쌓으려 했어도 이들을 바라보는 시선은 곱지 않았다. 마주치는 사람들마다 이리저리 피해 다니면서 이들과 마주치지 않으려고 애쓰는 모습에 한숨만 나올 뿐이었다. 직원들 중에는 전직이 없었던 것도 아니었다. 건설현장에서 사고를 당한 사람들, 자동차 공장을 하다가 사고를 당한 사람도 있었다. 작업장에는 대부분 장애인으로만 채우지 않았고 일자리를 구하지 못한 일반인들도 대거 채용되었으며 따라서 이들은 고된 일도 마다하지 않았다. 법인으로 등록하고 종량제봉투를 생산하기 시작했으나 초기에는 100t을 생산할 수 있는 설비를 갖추었으나 10분의 1밖에 생산할 수 없는 상황이었다. 벽보에는 이러한 구호를 내걸었다.

"네 시작은 미약하지만 끝은 창대하리라(욥:8:17)"

위 구호는 파주로 이전하면서 '장애인도 일반인과 똑같이 해낼 수 있다'는 구호로 전환되었다. 이후로도 정덕환 원장은 장애인선교교회라는 이름을 내걸면서 직원들과 함께 찬양하는 시간도 가졌다.

"찬양합니다~ 찬양합니다~ 주를 찬양합니다~"

하지만 이들은 또다시 작업장을 이전해야만 하는 상황이었다. 독산동에서 출발한 에덴복지원은 그 후로 개봉동을 거쳐 전원도시 파주(교하)에 이르는 동안 수차례의 건물을 임대받은 것이다. 간판도 복지원에서 하우스를 거쳐 재단이라는 이름으로 오늘에 이르렀다. 1989년 말 에덴하우스는 KBS2 – TV <사랑방 중계>라는 생방송프로에 소개되었다.

"현실에서는 국가가 모든 장애인들을 먹여 살릴 수 없다며 스스로 자신과 같은 처지의 장애인들의 영을 구원하겠다는 의미에서 설비한 시설이지요. 주위의 차가운 시선이야말로 장애인들에게 더 큰 장애를 주는 것입니다."

정상인과 장애인들을 똑같이 경쟁하려는 것은 말이 안 된다. 무엇보다도 세제혜택과 함께 복지금을 주는 제도가 정착되어야 한다. 일본은 70년대부터 장애인고용촉진법이 시행되었으나 우리나라는 2년째 심의만 하고 계류 중에 있다 1990년에 들어서 이 법안이 시행되었다. 해방 후부터 복지제도 구현의 목소리를 높였으나 여전히 우리의 인식이 그렇지 못한 것은 장애인들을 우롱하는 처사이다. 정덕환 원장은 이때부터 새로 마련할 에덴하우스의 조감도를 구상하고 직접 설계하기도 했다. 1995년 새해 들어 쓰레기 종량제가 시행되고 이 후 종량제봉투를 생산하기 시작하면서 이것으로 생산량이 증가하자 1998년 경기도 파주에 부지를 옮겨 복지재단으로 명칭을 바꾸고 시설을 확장하면서 직원들도 늘어남에 따라 사무직 간사, 경비원을 추가로 모집하였다. 이즈음 법인으로 승인받기 위해 동분서주하던 중 겨우 법인을 취득할 수 있는 구청장을 만나게 된다. 그는 광진구청의 박영준 국장을 접견하여 법인을 요청하고 승인을 얻는다. 그의 장애인을 위해 노력하는 모습을 인정한 박 국장은 법인을 승인해 주었다.

"좋소. 한번 열심히 해 보시오."

"예, 감사합니다!"

이렇게 1990년 사회법인으로 등록하면서 장애인복지의 공로로 국민포장을 수상하고 정도 600년 기념 자랑스러운 서울시민상, 국민훈장 등을 수상하였다. 장애인들이 만든 물건을 전시하면서 소개된 프로에 참여하면서 방송에도 소개된 이후 각종 교양프로에도 소개되기 시작했다. 쓰레기 종량제봉투 공급업체로 전환하면서 수요와 생산량이 증가함에 따라 제대로 된 건물을 신축하게 되었고 1994년부터 시세를 확장하여 전원도시 파주에 부지를 마련하였다. 이렇게 해서 사무원, 영양사를 추가로 모집하고 장애인복지재단으로서의 면모를 갖추게 되었다. 그 밖에도 DVD를 비롯하여 인터넷, 커피자판기 등 편의시설도 갖추게 되었고 물리치료를 받을 수 있는 공간도 마련하였다. 영양사를 두기 전 주로 교회 집사님들이 정리 및 급식봉사를 해 주어 나름대로 감사한 마음이었다. 개봉동 구에덴하우스는 현재 법인사무실로 사용되고 있다. 이 무렵은 서울의 낮 기온이 38.4도까지 치솟는 등 폭염이 기승을 부리던 해였다. 50년 만의 무더위를 기록했던 해였으니 기초공사가 시작되던 해 날씨와의 싸움도 만만치 않았다.

더구나 장마기간에도 비가 오지 않아 애간장을 태우기도 했다. 파주 복지재단이 완공되던 해에는 엄청난 양의 호우가 쏟아졌다. 그래서였는지 엘리뇨 현상으로 최악의 무더위가 예상되었으나 예상 밖이었다. 파주재단을 착공하던 해인 1994년은 살인더위로, 1996년과 1998년에는 집중호우가 쏟아지는 등 공사기간마다 무더위와 장마는 최대 난관이었다. 두 차례에 걸친 집중호우는 한강 및 임진강의 수위를 높여 홍수경보가 내려졌다.

눈물의 학사모

　나사렛대학은 서울역에서 기차편으로 천안까지 가야했는데 서울역과 천안역 모두 기차출입문과 승강장 사이가 높아 승하차 시 역무원의 도움을 받아야만 했다. 수도권 전철역 외에 대부분의 지방 기차역은 출입문과 승강장 사이가 높아 저상기차나 장애인 리프트설치 의무화를 주장하기도 했다. 지금은 천안역까지 전철이 연장되어 전동차 출입문과 승강장 사이가 맞아 휠체어바퀴만 굴리면 순조롭게 승하차 할 수 있지만 그때는 그 시설이 없었다. 그렇게 나사렛대학 2년 과정을 마치고 졸업하였으나 모교였던 연세대학교에서 학사모를 쓰지 못한 게 한이 되어 나사렛대학을 졸업하고 2년 뒤 연세대를 졸업할 수 있었다. 나사렛대학 재학 중 복지회관에서 초대 이사장 취임식을 가졌다. 등록 초기에 파주 에덴복지재단은 완공되었으나 수해와 IMF한파는 또다른 난관이었다. 비는 그쳤지만 연말부터 몰아닥친 IMF한파는 국내 경기를 완전히 얼어붙게 만들었으며 가장 중요한 자제인 비닐제품을 구매하지 못해 발을 구르기도 했다. 외환위기로 웬만한 대기업들조차도 잇달아 도산하면서 지원이 중단된 상황이었다.

　IMF로 인한 대기업과장의 사연이 있다. 필자가 에덴을

소개받기 전 같은 지역의 장애인공동체 시설에서 봉사활동
을 한 바 있었는데 그곳에서 80년대 중산층에 가까운 연봉
을 받고 고속 승진했던 대기업과장까지 지낸 한 중년 남성
을 만났다. 그의 두 아들 중 큰아들은 학식 있는 엘리트였
으나 아버지의 실직소식에 충격을 받고 발달장애 1급이 되
어 수용되어 있는 상태였고 미국 유학까지 수료한 딸은 정
신이상으로 옷을 모두 벗고 거리를 뛰어다니다가 보호시설
에 수용되었다고 한다. 정신적인 충격을 면한 아버지와 막
내아들은 비록 두 자녀는 장애인으로 살아가고 있지만 상
당히 밝은 모습으로 공동체시설에 적응하는 모습을 보였다.
이것을 보면서 장애는 자신이 자초하는 것이 아닌 사회가
장애인을 만들고 있다는 느낌이었다. 대기업들조차도 맥없
이 쓰러지는 희대의 경제난에도 그 타격을 받지 않은 영안
모자그룹에서 그나마 든든한 후원자로 남아 계속 지원해
주고 있다. 건설경기가 위축이 되고 생산량도 줄던 시기여
서 완공을 앞둔 파주 재단의 고민이었다.

"어떡하지, 물량이 바닥이 났어요."

"재단 본관은 공사가 마무리되었건만……."

재단은 완공을 앞두고 있었지만 종량제봉투 구매는 한계
에 부딪힌 것이다. 외환위기로 전국에서 금모으기 운동이
전개되면서 재단 식구들은 금모으기 운동에 동참하고 정
이사장도 유도선수 시절 획득한 트로피를 금모으기 차원에

서 팔기도 했다. 빛바랜 추억이 묻어 있는 트로피였으나 이
제는 유도선수가 아니기에 위기에 처한 나라를 그냥 두고
볼 수만은 없었기에 금쪽같았던 금트로피를 처분하기로 결
정한 것이다. 그래서인지 직원들 일부는 선뜻 국가대표시절
획득한 추억을 팔아버린다는 것에 대해 다소 섭섭한 생각
에 정중히 말을 건넸다.

"그래도 기념으로 한 개쯤은 간직해 두는 것이……."

"이제 유도인으로서의 정덕환이 아닌 기업인으로서의 정
덕환일세, 개인의 영달에 사로잡혀 나라를 생각하지 않는
이기적인 사람이 되고 싶진 않네."

그렇게 유도선수 시절의 흔적은 추억으로 남겨졌다. 직접
이렇게 말하진 않았어도 속마음은 이랬을 것이다. 남을 위
해 산다는 것이라는 자체만으로도 아름다운 사회를 이룰
수 있는 본보기가 되었다. 이렇듯 이상기온과 환란 속에서
파주재단은 완공되었고 다시 공급량이 늘어나면서 유엔에
스캅, 영안모자그룹, 영광교회, 해냄공동체, 예인치과 등이
후원함에 따라 대규모 시설을 갖춘 재단으로 성장하게 되
었다. 파주재단이 완공되면서 그는 초대 이사장에 취임하였
다. 맞은편에는 선교센터를 지어 오전예배를 드릴 수 있는
공간을 마련하여 그의 아내인 이순덕 목사의 설교로 하루
일과가 시작된다. 개봉동에서 복지원으로 자리 잡은 후
1990년 사회법인으로 등록하면서 이후 매스컴에도 소개되

면서 입지를 굳히기 시작하였다. KBS PD로부터 토크프로에 정 이사장의 출연섭외를 받았다. 심야 토크프로 <김동건의 한국 한국인>에 초대되고 직접 현장을 카메라에 담은 것이 아닌 정덕환 이사장이 직접 스튜디오로 초청된 것이다. 1999년 초대 이사장에 취임하면서 사회적 복지재단으로 거듭나기 시작한 에덴하우스는 시설을 확장하면서 컴퓨터교실을 비롯하여 각종 여가시설을 마련하였다. 하지만 정 이사장은 학사모를 쓰지 못한 것이 한이 되어 졸업논문을 발표하고 한일월드컵과 우리나라에서 두 번째로 부산아시아경기대회가 열리던 해 모교인 연세대에서 32년 만에 명예졸업장을 받을 수 있었다. 비록 지금은 다른 길을 걷고 있지만 필자도 문서사역을 통해 32년 후 아니 그보다 앞서 필자도 눈물의 학사모를 쓸 수 있을 것이라는 자부심을 얻을 수 있었다. 이것은 자신과의 싸움이기도 하다.

만학도의 꿈

공사 기간 중 이들에게 있어 또 한 차례 밤잠을 설치게 했던 사건이 발생하였다. 그해에도 유난히 많은 양의 비가 내려 한강 유역은 장마 때마다 비상이었다. 물난리에 대한 걱정이 소강상태를 보이던 같은 해 또 다른 큰 걱정이었는데 이때는 아들이 전방 군복무를 하고 있던 때였다. 1996년 9월 18일 강릉 앞바다에 나타난 북한의 잠수함으로 인해 전 군에 '진돗개 1호가' 발령되고 강릉으로 향했다. 20여 명의 공비와 교전 끝에 한 명이 생포되고 모두 사살되었다. 대북 쌀 지원을 한 지 1년도 채 안 된 시기여서 이에 대한 분노가 주를 이루었다. 마침 군복무 중이던 아들의 안부가 걱정되자 마음을 조이면서 상황을 지켜보았으며 교전과정에서 아군의 전사자가 속출하면서 명단이 공개되었으나 전사자 명단은 물론 부상자 명단에도 나오지 않으면서 안도의 한숨을 내쉬었다. 다행이도 공비들은 모두 소탕되었고 한 명이 생포되면서 공비침투로 인한 교전은 일단락되었다.

"정말 무사한가요?"

"네 염려하지 않으셔도 됩니다."

파주재단이 완공되면서 개봉동시대를 마감하고 파주로

보금자리를 이전하고 에덴식구들도 꾸준히 증가하였다. 재단이 완공되던 1998년 8월 6일에서 12일에 걸쳐 서울과 경기북부에 기록적인 폭우가 쏟아지면서 특히 한강과 마주해 있는 에덴복지재단 건설현장 인부들은 밤잠을 설치기도 했다.

"무너지지 않게 동여매도록 하게⋯⋯."

1987년 수마의 악몽이 떠오르기도 했으니 당시의 집중호우는 긴장의 연속이었다. 이 같은 난관 속에서도 복지재단은 완공되었다. 대학 후배이자 21년째 자원봉사를 해 온 한 교회집사는 정덕환 이사장님이 비닐봉투의 원료를 구하지 못해 대한유화(주)나 호남석유화학(주)를 찾아가 협조를 호소하기도 하고 대출을 받기 위해 금융기관을 찾아다녔지만 문전박대를 당하던 일, 방송국을 찾아가 장애인 재활 근로의 작업장 모델로 개척하고 있는 분을 취재해 달라고 부탁하던 일, 사회복지법인 설립 허가를 받기 위해 서울 특별시청 부시장을 만났던 일, 제품 구매, 지원금을 배정받기 위해 구청장, 국회 보건복지 분과위 간사를 찾아갔던 일들이 주마등처럼 스쳐갔다고 회고하였다. 나사렛대학에서 재활복지학 과정을 마치고 이듬해 모교에서 졸업논문을 발표하여 졸업장을 받을 수 있었고 그것으로 제1회 연세사회복지 대상을 수상하는 계기가 되었다.

파주 선교센터가 완공을 앞둔 1998년에 정덕환 원장은

학업에 대한 미련이 남아 재활과 복지에 대한 공부를 하기
위해 나사렛대학에 등록하였다. 재활복지의 선두주자라 불
리는 나사렛대학에는 아들 딸뻘 되는 학생들과 함께 강의
를 듣는 게 서먹하기도 했으나 끝까지 하지 못했던 배움의
길을 가기 위해 만학도의 뜻을 이루었다는 것만으로도 보
람이 있었다. 복지학은 자신에게 폭넓은 복지제도를 마련하
는 바탕이 되기도 했다. 동생이나 또래로 보이는 교수를 두
고 귀담아 들으면서 중요한 내용을 메모하기도 하고 집중
적으로 귀담아 경청하였다. 때로는 교직원식당에서 함께 식
사를 하자고도 했으나 굳이 학생식당을 이용하겠다며 자신
의 신분을 구분하였다.

에·덴·장·애·인·복·지·론

제2장

두드려라 그러면 열릴 것이다

국제장애인권리조약

아시아에서는 첫 월드컵이자 공동개최로 우리나라는 스페인전에서 승부차기를 통해 4강 신화를 이루었다. YTN뉴스를 통해 보도된 내용 중에는 현장기록을 통해 선천성장애인 외에도 불의의 사고로 장애인이 된 사람들 가운데 에덴복지원 직원들 중에는 중동건설현장에서 추락하여 하반신이 마비되었다는 유길섭 씨는 기존의 소아마비 장애인을 멸시한 대가로 장애인이 되었다고 자책하면서 정작 장애인이 되고 난 후로 그들의 심정을 알게 되었다고 한다. 장애를 입게 된 후부터 나는 죽은 사람이나 마찬가지였다. 장애인이 된 후로 주변의 시선이 차가워지면서 그들이 어떻게 살아가고 있는지 뼈저리게 느끼는 계기가 되었다. 그 후로 새로운 일을 찾기까지 10년이 걸렸다는 그는 에덴복지원을 통해 인생의 동반자를 만나 가정을 이루었다. 에덴하우스는 장애인들이 직접 만들어 낸 물건을 전시하는 바자회에 참여하였고 이후 정 이사장은 신한국인상, 자랑스러운 서울시민상 등을 수상한다. 그는 시사프로에도 소개되면서 장애인에 대한 복지정책과 목표를 말하고 의지를 밝혔다. "소위 직업재활이라는 목적으로 설립한 에덴하우스는 소비적 복지가 아닌 생산적 복지로의 슬로건을 내걸고 정신지체와 같은 중증장애인들의 잠재능력을 키우고 근로의 기회를 주는 것이 자신의 소신이자 철학이다."

방송을 타면서 그를 찾겠다는 전화문의가 폭주하기도 했으며 시청자들의 성원이 물밀듯이 들어오기 시작했다. 옛 유도부 동료들과 조우하기도 했으며 학우들과도 만나 동창회도 가졌다. 직원들은 100명을 넘었고 한 척수장애인은 자필 편지를 정 이사장에게 보내와 입사한 경우도 있었고 그는 성실함과 직원들을 아우르는 행보로 현재 작업반장으로 승진하였다. 정 이사장의 첫 해외진출국인 중국은 한창 경제발전과 동시에 사회복지제도에도 상당한 진보를 이루고 있다는 느낌을 받았다. 이 선언문이 타 서적에 게재되어 있을 것을 감안해서 인용하지 않겠다. 다만 개발도상국인 중국이 장애인에 대한 인식만큼은 선진화되었다는 것을 알 수 있었다.

국제장애인권리조약을 위한 첫 해외 출장이었다. 인천공항을 출발한 비행기는 2시간 만에 수도인 북경에 도착했으며 시내로 접어든 중국의 풍경은 생각했던 것과 매우 달랐다. 사회주의 국가이면서도 자본주의 향기가 물씬 나는 곳이었다. 1976년 모택동이 사망하면서 권력을 이양한 등소평의 개혁개방정책으로 서방국가들이 100년에 걸쳐 이룬 경제발전을 20~30년 만에 이룬 우리나라와 닮은꼴이었다. 2003년 11월 중국에서 진행된 국제장애인권리조약 베이징

선언문행사에 초청되어 북인에 사랑의 휠체어 보내기 운동에 참여하면서 일산 충정교회에서 모금활동을 하였다. 이것을 상기해 보면 중국이 한국보다 한수 위라는 것을 깨닫게 되었다. 경제적으로도 뒤처지고 있는 현실에 사회 복지 면에서도 뒤처지는 현실을 상기하면서 서글픈 생각이었다. 보잘것없던 중국이 권리조약까지 내세울 만큼 장애인에 대한 인식이 진보하는데 우리나라는 그러한 권리조약법조차 재정하지 않고 있다. 이때부터 21세기 글로벌전략이라는 과제를 추진하기 시작했고 이것은 책으로도 만들어졌다.

장애인복지의 허와 실

　선천성 장애인이나 중도의 장애를 겪은 사람들은 나름대로 열심히 살아가려고 노력하는 모습을 볼 수 있다. 하지만 우리 주변의 인식이 그렇지 못하다는 것을 피부로 느낀다. 그럼에도 이들은 항상 현실에 안주하며 살아가고 있다. 장애인들 가운데는 크리스천이 많다. 이를 두고 "하나님도 무심하시지"라고 말할 수 있지만, 이들은 대개 자신이 장애를 겪고 있는 것에 대해 이보다 더 큰 장애를 입지 않은 것을 감사하게 여기며 살아가고 있다. 심지어 장애 자체를 감사하다고 기도드리는 사람도 있다고 한다. 이들 가운데 장애인이 된 후 하나님을 믿게 된 사람도 있고 이전부터 믿은 사람도 있고 필자와 같이 대대로 믿어 온 사람도 있다. 이로 인해 하나님께서는 정녕 이들을 사랑하시는가 하는 불신의 눈으로 바라볼 때가 많았다. 하나님은 감당할 수 있는 시련을 주신다고 했듯이 장애를 입고도 오늘날 성공한 이들의 모습을 볼 때 결코 이들이 장애인이 아닌 이들을 바라보는 이 사회의 인식과 편견을 가진 사람들이 진정한 장애인이 아닌가 생각한다.

　얼마 전 필자는 도서관에서 귀가하던 중 염창동 당사 앞에서 전경들과 격렬한 몸싸움을 벌이는 장애인들을 보았다.

일인 및 침묵시위를 벌이거나 인원수가 다소 많으면 촛불 시위를 하는 것도 아니었고 70~80년대나 볼 수 있었던 대규모 시위를 연상케 했다. 수십 명이나 되던 장애인 시위대는 "……한○○당 규탄"이라는 플래카드를 내세우고 당사 내로 진입하려는 이들과 전경들의 몸싸움으로 아수라장이었다. 대통령 후보 경선 전 이명박 옹의 장애인낙태발언이 있기 전의 일로 이전에도 모 의원이 장애인 비하발언이라도 한 것인지 아니면 정부의 장애인 정책에 불만을 품고 그것을 막지 못한 야당에 애꿎은 화풀이를 하는 것이었는지 곰곰이 생각해 보았다. 무엇 때문에 장애인들을 거리로 나오게 했는가! 미국과 일본 등 복지선진국에서는 장애인들이 거리로 나오는 사례는 없다. 물론 장애인들도 거리로 나온다. 그런데 그것은 사회 및 경제활동으로 인한 일을 하고 있기에 거리마다 장애인들이 활발하게 활동하고 있다는 것이다.

일본의 유명 베스트셀러의 부제를 보면 "신체는 불만족, 인생은 대만족"이라는 표현을 한 도서가 있는데 이것이 일본 장애인복지의 현주소이다. 반면 우리의 현실은 어떤가! 장애가 있어도 신체가 아닌 정신지체나 언어장애인들의 예를 들어보면 비록 신체는 대만족일지라도 인생은 불만족일 수밖에 없는 형편이다. 최근에 한 정보지를 통해 알게 된 내용인데 한 정신지체 청년이 장애 때문에 취업이 안 되는 것에 불만을 품고 여관을 방화했다는 기사를 접하면서 필시 그는 정신지체가 있어도 자신의 감정을 충분히 표현할수 있으므로 그다지 심한 장애는 아니라고 생각하였다. 수출 3,000억 달러, 소득 2만 달러, 외환보유액 2,500억 달러, 주가 2000선을 달성했다고 선진국이라고 떳떳하게 말하기에는 무언가 부족하다고밖에 볼 수 없는 우리나라의 장애인복지 현주소이다. 그렇다고 장애인을 비롯한 생활보호대상자들도 문제가 없다고 볼 수는 없다. 우리나라의 복지가 미흡하다는 목소리를 높이고 있지만 그것은 복지에만 기대려는 편견에 불과하다. 장애인에 대한 인식이 변하지 않는한 장애인 편의시설이 확충되고 세제혜택을 받는다 할지라도 이들의 불만은 결코 수그러들지 않을 것이다. 최근에는 3, 4급 정도의 경증장애인들이 그보다 약자인 1, 2급의 중증장애로 장애등급을 뻥튀기하여 추가복지수당을 발급받는 사례가 빈번하여 진짜 중증장애인들이 불이익을 받고 있으며 이에 누적되는 복지예산도 100억씩이나 낭비되고 있는 현실이다. 지금도 우리 주변의 소외계층은 이렇게 생각할지모른다.

"이런 우리나라가 소득 2만 불 달성을 앞두었다고 국제사회에 당당하게 큰소리 칠 자격이 되는가!"

실제로 소득수준이 2만 달러라 할지라도 장애인들에 대한 의식수준은 2천 달러 시대에 머물고 있는 현실이라고 볼 수 있다. 이것은 필자가 10여 년간 일자리를 찾아 방황하면서 경험한 현실이다. 장애인 당사자보다 장애인을 편견이나 멸시하는 사람들이나 사회풍조가 정신적 장애인을 양산하는 것이다. 장애인도 할 수 있다는 격려와 인식만이 참 복지다운 복지가 될 수 있다. 얼마 전 정신지체장애인이 학교에서 집단 괴롭힘을 받자 가족들과 캐나다로 이민을 떠난 뒤 인터뷰기사를 통해 그는 한국에 죽어도 오고 싶지 않다고 말해 충격을 준 바 있다. 무엇 때문에 수많은 한국인들이 나라를 떠나는지 상기할 필요가 있다.

뜻이 있는 곳에 길이 있다

기적은 타인에 의해 이루어지는 것이 아닌 스스로가 만들어나가는 것이라고 했듯이 휠체어에서 일어나 걸을 수만 있다면 그 자체가 기적이라고도 할 수 있다. 하지만 무엇보다도 내 자신이 장애인일지라도 나는 할 수 있다는 자신감과 더불어 그러한 인식과 함께 남을 배려하는 자세가 중요하다.

나는 정신지체2급 장애인이다. 그런데 정신지체의 경우 말을 못하는 장애도 있지만 대개 지능이 미달인 것을 일컫는다. 정신지체는 1급에서 4급으로 나누어져 있는데 등급이 가장 높은 1급은 지능이 0세에서 2세 정도의 지능이다. 2급은 3~5세가량으로 필자는 3~5세 수준에 속한다. 필자가 유치원에 입학하기 전에 한글을 깨우치기 시작했으므로 글을 쓸 능력은 되는 것이다. 3~4급 비교적 낮은 등급으로 초등학교 저학년 수준의 지능이다.

이처럼 사회에 진출할 나이가 된 모든 정신지체장애인들에게 기초사회생활에 대한 교육 과정을 필요로 하고 있다. 우리나라는 80년대부터 장애인기능대회를 비롯하여 "장애인 직업 재활법"이 제정되었으나 그것이 "고용촉진법"이나 "장애인차별금지법"에까지 이른 만큼이나 신빙성이 없었다는 증거이기도 하다. 장애인들은 자신들의 능력과 노력에 따라 재활 가능성이 있다. 그러므로 장애인들이 다시 일어설 수 있는 건 기적이 아니라 개인의 노력에 의해 이루어지는 것이다. 성공은 1%의 영광과 99%의 노력에 있다는 에디슨의 명언처럼 성공은 1%의 기적과 99%의 노력에 따른 것이다. 요즈음은 장애우를 부르는 표현도 "애자"에서 "애인"으로 "앉은뱅이"나 "병신"이라는 저속한 말도 완화되었다. 장애인들은 스스로 자신들의 삶이 불행하다고 생각하지 않는다. 하지만 우리사회는 장애인들에게 불행을 자초하게 하는 것 같은 생각이 들기도 한다. 4년 전 대구 지하철역 방화 사건을 기억한다. 이 사건은 나를 비롯한 장애인들에게도 상당한 충격을 가져다 준 사건이었다.

장애인 한 명이 그토록 엄청난 힘을 발휘했다는 게 아니라 가뜩이나 장애인을 바라보는 시선이 차가운데 이를 계기로 장애인들에 대한 인식이 더 냉혹해지는 것이 아닌가 하는 우려 때문이었다. 예상했던 대로 이후 장애인을 두고 "너"가 아닌 "너희들"로 불린 것이다. 하지만 필자는 그(방화범)를 두둔하는 글을 웹상에 올렸다 네티즌들의 집중공격을 받은 사례가 있었다. 물론 300명이나 되는 무고한 인명을 앗아간 것은 명백한 범죄행위였지만 그가 왜 그래야만 했는지 따뜻한 관심과 이해가 필요하다고 본다. 그보다 앞서 1991년 장애 때문에 취업을 하지 못한 20대 청년이 여

의도광장을 향해 차량을 돌진하여 자전거를 타던 아이들을 사망케 한 사건이 있었다. 이 또한 어린아이들의 생명을 앗아간 행위로 인해 세상이 그를 비난했지만 나는 남의 일 같지 않다는 생각에서 그를 동정하는 시선으로 바라볼 때가 많았다. 이것은 엄연히 장애를 양산한 우리사회의 과실이라고 여겨졌기 때문인지도 모른다. 지하철역 방화사건을 보면서 그나마 안도한 것은 만약 서울 신도림역에서 그 사건이 일어났다면 더 많은 객차와 인명피해가 발생했을 것이라는 생각에 그 정도에서 그친 게 다행이라고 생각하기도 했다. 대개 선천적인 장애인들은 자신을 장애인으로 낳은 부모를 원망하거나 심하면 저주하는 사례도 있다. 나는 후천성 장애인이기 때문에 느끼지 않지만 만약 내가 그 입장이라면 절대 부모를 원망하지 않는다. 장애는 극복의 대상이지 누구를 탓할 것도 아니다. 장애를 뛰어넘으려는 의지 외에도 그들에게 관심을 갖고 배려하는 사람들이 가장 아름다운 모습이다.

모든 인간은 원초적 장애인이다

장동훈이라는 청년이 있다. 그는 내가 섬기는 교회의 청년부로 신학을 전공하여 전도사 과정을 밟고 있다. 그는 나의 모교인 총신대와 가까운 도서관에서 준비를 하고 있고 나와 함께 성경구독을 하고 있다. 자퇴생인 필자와 달리 그는 현재 휴학 중이고 그 이유는 전문 직장을 다니다 하나님의 일을 하기 위해 그만두고 신학에 편입한 신실한 그리스도인이다. 그는 상당한 식견과 지식을 갖고 있어 겉모습으로만 보면 전혀 흠잡을 곳이 없는 정상적인 사람이었다. 그러나 그는 장애인등록증을 소지하고 있었고 알아보니 예전에 무릎 수술을 받은 전례가 있었고 인공관절을 하고 있다. 주민등록이 말소된 사람은 있어도 장애인등록증이 말소된 사람이 있다는 말은 들어보지 못했다. 따라서 황우석 박사의 줄기세포가 실용화되지 않는 한 인간은 옥황상제 앞으로 가기 전에는 장애인등록증을 소지해야 한다. 내가 아는 지인 중에도 어린 시절 교통사고로 한쪽 팔을 잃어 의수를 하고 있어도 여전히 장애인등록증을 소지하고 있다고 한다.

손가락 하나라도 없으면 장애인인 셈이다. 내가 아는 또 한 명의 장애인이 있는데 겉보기에는 역시 비장애인으로 생각할 수 있는 사람이다. 시민기자로 활동하면서 알게 된 안 희환이라는 목사 겸 인터넷기자로 병행하고 있다. 안 목사 님은 중학교 때 신문배달 중 교통사고를 당해 왼쪽 팔은 의 수를 하고 있다. 그럼에도 여전히 장애인으로 등록되어 있 으며 목사님의 인생이야기를 들으며 마음에 와 닿은 바 있 다. 판자촌에서 30년을 살면서 그러한 환경 속에서도 하나 님의 은혜로 신학대학원까지 수료하여 목회자가 된 그분은 이제 글도 쓰고 책도 낸 경력이 있으며 목회를 하면서 집도 장만하고 배우자를 얻어 결혼하고 듬직한 두 아이의 아버지 가 된 그의 인생역경은 장애를 뛰어넘은 하나님의 사랑이었 다. 이것은 긍정의 힘이었다. 장애는 예고 없이 찾아온다. 모든 인간은 예비 장애인이고 어느 날 갑자기 장애가 찾아 올 수 있다. 날로 심각해지는 환경오염은 장애유발의 가장 결정적인 원인이 되기도 하고 근래에는 북한의 핵실험으로 상당히 위험한 요소가 되고 있다. 따라서 언제 누가 장애인 이 될 수 있는 상태에 노출되어 있는 셈이다. 겉으로 드러나 지는 않아도 마음의 장애, 정신적인 장애를 가지고 있는 생 물이 인간이다. 하지만 그것은 마음먹기에 따라 어느 정도 가 되느냐에 따라 차이가 날 뿐이다.

저자의 경험담

장애는 자신의 정신력에 따라 그 정도를 조절할 수 있다. 따라서 장애인들에게 있어 재활 훈련도 중요하지만 자립훈련 또한 중요하다. 그것이 장애등급이나 신체장애와 정신적인 장애가 다르지만 얼마나 자신의 능력을 발휘하느냐에 달려 있다. 말을 잘하지 못하더라도 필력은 노벨문학상감이 있고 팔 다리가 없지만 유창한 언변실력이나 음정으로 가수로 성공한 사람, 입으로 그림을 그리는 구족화가가 있는가 하면 <발로 쓴 내 인생의 악보>의 주인공인 레나 마리아의 사례를 들 수 있다. 우리나라에도 얼마 전 TV를 통해 방영된 바 있는 왼쪽 팔과 다리가 없는 20대 여성이 전산원으로 활동하는 모습을 보면서 깨달은 바 있다. 이렇듯 장애가 있어도 스스로 일어서거나 사회의 관심이 이들을 자립할 수 있는 여건을 마련해 주는 계기가 된 것이다. 그렇지만 이 같은 풍조가 우리사회에서는 완전히 거듭났다고 볼 수 없는 현실이다.

나는 학교를 중도에 그만두어야 했다. 장남인 필자는 식구들의 생계를 책임져야 했고 이에 사회활동을 하려 구직활동을 시작했지만 장애인을 대하는 이 사회는 너무나도 가혹하리만큼 매정하였다. 필기시험이나 토익, 토플은 0순위였으나 최종단계인 면접에서 번번이 좌절의 쓴 잔을 맛봐야 했다. 나는 대학을 중퇴한 후 15년을 방황했지만 그렇다고 해서 그동안 직업을 갖지 않은 건 아니다. 한 가지 직업도 구하기 어려운 참여정부 첫해에 나는 두 가지 직업을 병행하는 "투잡스"였다. 일반인도 취업하기 어려운 현실에 필자와 같은 장애인들은 오죽할까 생각되었다. 따라서 현실의 내 처지를 돌아보기도 했고 세상을 원망하기도 했다. 나는 15년간 팔 다리 없는 장애인이었다. 소위 말을 더듬는 언어장애를 갖고 있을 뿐 양 팔과 두 다리 모두 정상적으로 작동되고 있지만 세상은 나를 팔 다리 없는 장애인으로 생각한 것이다. 나를 처음 대면한 사람들은 "어디 불편하세요?"라는 말을 하면서 받아주지 않았다. 아르바이트라도 하기 위해 당시 <야인시대>라는 프로에서 4만 명의 엑스트라를 모집 중이었던 한 프로덕션을 찾아갔지만 담당자는 "자넨 힘들어"라는 말뿐이었다. 하다못해 지나가는 행인이나 노숙자, 장애인 역할이라도 달라고 애원을 했으나 소용없었다. 심지어 방청알바조차 나를 외면하였다.

당시 방청신청프로가 <사랑의 리퀘스트>였다. 물론 15년 동안 전혀 직업을 구하지 못한 것은 아니었다. 전공을 살려 기독교 관련 일을 찾던 중 인형극단원을 모집한다는 문구가 들어와 문의를 하였다. 같은 해 부업으로 인터넷신문 시민기자로 등록하고 기사를 작성하기도 했다. 그렇지만 내가 활동한 극단은 처음이 아니었고 그해 여름 구인 사이트를 통해 찾았는데 지방에 위치해 있었고 더운 날씨에 묻고 물어 겨우 찾은 곳이었다. 교회명이 아닌 극단명으로 되어 있었기에 하는 수 없이 협회를 수소문해 찾아가 겨우 모집 중인 극단을 찾을 수 있었다. 교회를 찾아 온 뒤 담당자를 만나 면담을 했지만 예상했던 대로 "어디 불편하세요?"라고 말하고는 받아주지 않았다. 하지만 어떻게 찾아 온 극단인데 이대로 허무하게 되돌아갈 수 없었기에 신학을 전공했다고 말했지만 단장님은 이것은 적성이나 의욕만 가지고 할 수 있는 일이 아니라며 3~6개월가량의 수습 기회조차 주지 않고 그대로 돌려보냈다. 그렇게 나는 망연자실한 채 발길을 돌려야 했다. 그런데 두 번째로 신청한 극단도 마찬가지였고 팀장님과 면접을 한 장소가 강남에 있는 모 제과점이었는데 극단이 매우 열악해서 단원들 대부분 수습기간도 채우지 못하고 그만둔다는 것이었다. 나중에 알고 보니 그 극단은 TV에도 출연하고 수상경력도 있는 지명도가 높은 극단이었다. 나중에 알고 보니 그 팀장이 나를 받아주지 않으려고 거짓말을 했다는 사실에 몹시 언짢았으나 그나마 신청하고 4개월 만에 입단할 수 있었다. 기독교 극단답게 공연내용이 모두 성경이야기에 나오는 내용이었고 단원들 모두 신실한 크리스천이었다.

처음 문을 두드린 극단을 생각하면서 문득 조수옥 전도

사의 이야기가 떠올랐다. 고아들의 어머니라 불리던 그는 일제 때 주일학교 출신으로 성인이 되면서 전도사가 되었다. 당시 그가 섬기던 교회의 최덕지 전도사는 그의 신앙심 때문이었는지 전도사로 활동하라며 요청을 했는데 그는 전공도 아닌 데다 자신이 없다며 거절하였다고 한다. 그러나 최덕지 전도사의 완고한 청으로 인해 전도사가 되었다는 것이다. 이렇듯 스스로 거절했던 사람도 청탁으로 사회활동을 하였지만 그렇게 사정을 했는데도 장애인이라고 받아주지 않는 현 세태를 나무랄 것도 없다. 하지만 내가 입단한 그 극단은 불황으로 해체를 앞둔 시한부 극단이었다. 극단의 운명이 오늘내일 하던 무렵 여 단원과 함께 있었을 때 그 자매가 돈도 안주는데 왜 자꾸 오냐고 묻자 나는 그래도 전공인 만큼 봉사차원해서 도와주는 것이라고 말하자 그는 "상철 씨가 착해서 이용만 당하시는 거예요."라며 손가락질을 하는 게 아니던가. 그리고 7월에 문을 두드렸는데 11월에 입단한 것도 이상하지 않냐며 비웃음조로 말하는 태도가 매우 불성실해 보였다. 그리고 내가 책을 내려고 생각한 것도 이때부터였는데 그 단원이 "돈 있으세요?"라고 말하자 이에 나는 출판사와 협의에 따라 이뤄지는 것 아니냐며 대답했지만 그 자매는 상당히 어리석다는 듯한 말투로 답변했다. 그러면 개나 소나 다 책 낸다고, 돈 있는 사람만이 무엇이든지 할 수 있는 더러운 세상이라고 말하는 것이 아닌가. 만약 그때 그 자매의 말만 곧이듣고 실의에만 빠진다면 진짜 장애인이었기 때문에 나는 속으로나마 역공을 폈다.

"나는 비록 목소리 병신이지만 당신은 대가리 병신이야!"

그럴수록 격려를 해주는 게 도리이건만 부정적인 말로 장애인의 마음에 상처를 주는 그 사람이야말로 정신적 장애인이라고 표현할 수밖에 없다. 그 단원은 나와 6개월간 같이 활동했기에 내가 장애인이라는 것을 알고 있었던 것이다. 매사에 긍정적이었던 필자는 이후로 성격이 변한 것 같은 느낌이었다. 하긴 개인주의가 판을 치는 현시대에 남을 걱정해 주고 격려한다는 것은 어불성설이나 다름없다. 그러나 수습기간이 끝날 무렵에 단장님은 나에게 소질이 있다고 말씀하신 이후 인형을 안고 쓰러지겠다고 다짐할 만큼 인형극에 매료되던 시기였다. 그렇게 수습과정은 대성공이었으나 6개월 만에 극단은 끝내 와해되었다. 그래도 인터넷 신문기자로 일방통행을 하게 되면서 1년이 되던 즈음에 나는 대표기자님으로부터 '정식직원'으로 임명되었다. 그러나 막상 본사를 방문했을 때 역시 나는 장애인이었다. 온라인에서만 기고활동을 했으니 내가 장애인일 줄은 상상도 하지 못했던 것이다. 그런데 분명 '기자' 아닌 '직원'이라고 했기에 꼭 취재기자가 아니더라도 객원기자나 편집부 등의 다른 직분 중 한 가지라도 주는 줄 알고 기대를 했지만 1년이 지나도 연락이 없자 기대는 실망으로 돌아왔다. 전속기자로 근무하라며 연락을 받았을 때 책도 내자는 대표기자님의 말에 귀가 솔깃했던 것이다. 그래서 장애인복지재단에서 직업훈련을 받기 전 이사장님의 청탁으로 가장 먼저 자서전을 연재하기 위해 인터넷신문에 개재를 하려 했다. 자서전을 보충하기 위해 에덴복지재단 관련행사 때마다 참석하여 경청을 하고 메모를 한 뒤 연재를 시작하였다. 하지만 나를 수상히 여긴 당당직원들이 제지하여 기자회견장에 들어가지 못하고 문밖에서 마이크를 통해 나오는 소리를 듣고 기록했다. 그런데 후원의 밤 행사 때 나를 불러 일으킨 사람은 내가 직업훈련을 받았을 때 사무직원이었다. 나를 몰라보는 것일까 하는 생각이 들었지만 장애인 생산직원이 엘리트 흉내를 내는 것 같은 느낌이었을 것이다. 따라서 기자를 사칭하는 사례가 많아 기자처럼 생기지 않으면 의심받기에 충분했던 것이다.

복지재단 담당자님께서 대뜸 나를 불러내 여긴 어떻게 왔냐고 물었을 때 나는 주저하지 않고 기자라고 했더니 기자증을 보여 달라고 하는 것이었다. 하지만 나는 시민기자라고 했고 장애인에 기자증도 없으니 기자로 볼 리가 만무했던 것이다. 기자증은 전속기자나 객원기자에 한해서 발급되는 것이므로 나는 시민기자 신분이었다. 게다가 당시 나는 기자증은 고사하고 디카도 그 흔한 휴대폰도 없었기 때문에 더욱 기자로 믿어지지 않았는지도 모른다. 이렇듯 나는 행사과정을 끝까지 지켜보지 못하고 되돌아가야만 했다. 학창시절에도 친구들에게 무시와 멸시를 당하기만 했던 나는 그때를 돌이켜보고 싶지 않아 사회생활을 하려 했지만 사회에서까지 무시를 당해야 하는가 하는 생각에 마음이 침울해지기도 했다. 다른 행사장도 마찬가지였고 나의 어눌한 말투는 어디서나 걸림돌이 된 것이다. 그렇게 우여곡절 끝에 원고를 완성하고 내가 객원기자로 불리는 인터넷신문 매체에 연재를 시작하였다. 내가 인터넷신문사 전속기자로 채용되려 했을 때 전화로 훌륭한 아드님을 두셔서 자랑스럽다고 하셨던 박 모 기자님이 운영하시는 신문 사이트이다. 원고를 집필하기 시작한 것은 2년 전 연말께 직업훈련을 받기 전 이력서를 내면서부터였다. 당시 이사장님의 선수시절부터 다큐형식으로 제작된 CD로 자료를 수집하면서 작성하기 시작했다. 그러나 집필과정은 순탄하지 않았고 복지재단에 들고 간 것은 종이원고였다. 직업훈련을 마치고 집으로 돌아와 한글파일을 통해 게재하였으나 형편상 전기가 끊겨 기존에 저장해 두었던 자료들이 모두 날아가 버려 다시 종이원고에 재작성하였다. 그렇게 원고를 완성하기까지 걸림돌이 많았다.

시작은 미약하지만 끝은 창대하다

내가 에덴을 알게 된 것은 초등학교 6학년 때 신문사회면을 통해 본 내용이었다. 두 번째 인연은 고 3때 TV교양 프로를 통해 보면서 신학을 전공하는 계기가 되기도 했다. 직접 정 이사장님을 뵙게 된 것은 2년 전 연말께 직업을 소개시켜 주신 필자의 신학대 선배인 문형진 목사님을 통해서였다. 재단에서는 쓰레기봉투를 제작하는 일이었고 상표를 붙이는 담당이었다. 그런데 내가 종종 실수로 붙이곤 하면 그것을 지적해 주기도 하는 눈썰미가 있었다. 그런 그들을 우리사회는 겉으로만 보아왔다는 것이다. 내가 대학시절 방학을 이용해 아르바이트 겸 어머니가 근무했던 삼각김밥 제조업체에서 상표를 붙이는 일을 한 경험을 바탕으로 붙이는 일은 수월하였지만 그것은 기초 과정이었다. 중증장애인이 대부분인 생산직원들도 자신의 앞가림을 할 줄 알았고 견해나 주장도 내세우며 재단의 분위기를 화기애애하게 해주고 있다.

실습기간은 1개월이었지만 나는 2주 만에 재단을 나왔다. 적응을 하지 못했던 것도 원인이었지만 워낙 활달한 성격인 데다 펜만 굴려왔던 나였기에 장시간 앉아서 조립 일을 하다 보면 무척 졸음이 몰려왔던 것이다. 직업훈련을 받으며 기숙사생활을 시작한 지 1주일이 되던 날 주일에 집으로 돌아왔는데 그동안 부모님은 내가 객지생활을 하는 생각을 하면서 잠도 못 이루고 밥도 안 넘어 갔다면서 그만두라고 말씀하셨다. 이것이 부모의 마음이라고 하지만 나는 칼을 뽑았으면 무라도 썰어야 한다는 각오로 그곳에서 좀 더 생활해 보기로 했다. 아버지는 그곳에서 뼈를 묻으라는 말씀을 하셨던 만큼 재단 기숙사에서의 생활을 권유하셨지만 막상 그게 아니었는가 싶었다. 송충이는 솔잎을 먹어야 한다는 말이 있지만 장애인에게 자신의 전공분야를 선택한다는 것은 쉽지 않다는 것을 느낄 수 있었다. 한글을 습득하기 시작하면서 책과 펜대만 굴려왔던 필자로서는 장난감이라고는 만져 본 경험이 없었기 때문에 제조와 조립일에는 나에게 맞지 않았다. 특히 정신지체장애인에게는 더욱 전공을 살리기 어렵다. 직업재활훈련이라는 것은 장애인이 자신의 전공분야를 비롯하여 적성에 맞는 직업을 알선해 주는 과정이다. 에덴복지재단은 지난해부터 쓰레기종량제봉투 생산이 한계에 도달하기 시작하면서 아내인 이순덕 목사와 함께 장애인선교사업의 일환으로 복지관을 공동운영해 가고 있다.

이후 선교사업을 시작하면서 직종을 확대하였다. 계간지 <에덴둥지>에 게재할 기자를 포함하여 다양한 직업재활 프로그램을 양성하였다. 이순덕 목사님이 구립복지관은 장애인 애니메이터 양성을 위한 영상미디어 과정도 신설하였다. 프로덕션을 통해 다큐를 제작한 CD 말미에는 <매트에 쓰러진 거목>이라는 제목으로 시도 접목하였다. 내가 에덴을 처음 목사님과 방문했을 때 입구의 현수막에는 장애인 선교를 위한 인형극 공연도 정기적으로 열리면서 이에 기대를 갖기도 했으나 나는 생산직이었다. 제조일이나 조립 외에 모든 일이 자신 있었지만 내가 직업훈련을 받은 업종은 모두 제조와 조립 등 생산 직종이었지만 주어진 일에 만족할 수밖에 없는 것이 장애인들의 삶이다. 주어진 일에서 보람을 찾고 희망을 갖는 것이다. 나는 초·중·고등학교 시절 내내 왕따였다. 유난히 몸이 약했던 나였기 때문에 친구들로부터 무시당하기 일쑤였다. 마음은 더 약했으니 나에게 강한 면이라고는 신앙심뿐이었으나 그것은 마음가짐이었을 뿐, 겉으로 드러낼 수 있는 모든 것이 약했으니 답답함이 오죽했을까 싶었다. 이 때문에 선생님들로부터 총애를 받았기 때문이었는지도 모른다. 이후로 나는 항상 남들 앞에 나서기가 꺼려지기도 했고 말도 유창하지 못하게 되었다. 하지만 이때만 해도 주변사람들로부터 성우를 해보라고 권유받았을 정도로 언변이 좋았다. 지금은 어머니께서 웅변학원을 다녀보라고 하셨지만 학원에 등록할 바에는 차라리 학교를 복학하겠다는 생각이었다. 이것은 약하다는 이유만으로 감당해야 했던 불이익이었다. 최근에도 취업난을 반영한 듯 대학졸업 후에도 도서관에 매진하고 있다는 대학생들의 소식을 자주 접하는데 필자도 그러한 부류인 셈이다. 나는 지난 해 6월 장맛비가 내리기 시작한 날 종이원고를 들고 아니 가방 속에 넣고 에덴을 찾아갔다. 간만에 찾은 에덴문에 들어서자 나와 기숙사 시절 한방을 쓰던 경비원이 출입증을 주고 이사장실을 방문하였다. 실습을 받던 지하 작업장에는 역시 같은 방을 썼던 연세 많은 할아버지가 나를 알아보셨다. 당시 기숙사에는 총 4명이 지냈는데 나처럼 언어장애를 갖고 있는 두 살 터울의 형님과 아버지뻘 되는 분과 경비원이 교대점호를 하였다. 하지만 나는 새해가 되고 1주일 뒤 적응을 하지 못해 기숙사를 나왔다. 그리고 6개월 뒤 재단을 첫 방문한 날 정 이사장님이 청탁하셨던 대필원고를 가지고 재단을 찾았다. 그런데 그때 내가 가지고 간 종이는 미완성된 원고였다.

그렇게 합이 2년이 흐른 지금 원고를 마무리하였다. 간추린 내용을 종이원고로 전기가 들어오면서 그것을 인터넷상에 재작성한 것이다. 지금 나는 객원기자라는 이름으로 기고활동을 재개하였다. 기자출신인 어머니의 뒤를 이어 기자라는 달란트를 하나님께서 주신 것이라는 생각에 꾸준히 기고활동을 하고 있다. 장애는 결코 회피하고픈 부끄러움이 아닌 정신력으로 극복해야 하는 과제인 것이다. 장애 중 가장 무서운 장애는 신체적 장애보다 마음의 장애와 정신적 장애이다.

마음속 장애

　자살률이 부쩍 늘고 있다. 대부분 생활고를 비관하거나 신체적 결함을 이유로 자살을 택한다지만 사회적 지위가 풍족한 사람도 자살을 많이 한다. 그런데 그것은 고독함이나 미래에 대한 불안감 때문이라고 한다. 나는 2년 전 두 가지 직업을 모두 잃은 뒤 절망이 극을 넘어 교회 청년부 홈피를 통해 유서를 작성하기도 했던 사례가 있었다. 하지만 그것을 본 담임 목사님께서 나와 상담을 하시고 나서부터 생각을 교체하였다. 하나님이 함께하셔서 외롭지 않았다는 학창시절을 되새겨 보라는 말씀이었다. 자살을 한다는 것 자체가 마음의 장애라고 생각했기 때문이다. 나의 어눌한 말투로 인해 사람들은 나를 보면 뇌졸중이 있냐며 묻곤 한다. 그럴 때 가장 마음의 타격을 받는다. 그래서 나는 여태까지 보이지도 않는 신을 믿어 온 내가 어리석었던 것 같았다고 생각하기도 했었다. 12년 만에 그것도 두 가지 직업을 가지면서 50만 원도 채 안 되는 수입이었지만 적게나마 꾸준히 11조와 구역 회비를 꾸준히 지불하였다. 하나님은 씨를 뿌린 대로 거둔다고 했지만 벼룩의 간을 내먹었다는 생각이었던 순간이 있었다. 예수가 생존하던 시절에도 장애인들은 죄인으로 여겼다는 말이 있지만 예수님께서는 우리의 죄를 사하여 주시지 않았다고 하지 않았는가. 하지만 장애인들은 그 대상에서 예외였을 정도로 중죄인으로 여겨졌던 것 같다. 때문에 한동안은 신앙의 힘보다 과학의 힘을 더 신뢰하기도 했다. 장애인으로 태어나거나 장애아를 낳은 부모들은 대개 "전생에 무슨 죄를 지어서……"라는 말을 한다.

선천성 장애인들은 전생에 민중들에 의해 능지처참을 당했기 때문에 불구나 장애를 갖고 태어났다는 개념이다. 역학적으로 입증된 사례는 없지만 신빙성이 없다고 할 수도 없다. 또다른 근거로는 임산부의 지나친 음주와 흡연이 원인이라는 조사결과도 있다. 요즘이야 그러한 사람들이 많지만 옛날에는 임산부도 술 담배를 할 만큼 풍족하지 않던 시대였기 때문에 그때와는 전혀 다른 의견이 나올 수 있다. 운명이라고 하기에는 너무도 가혹한 장난이라고 느껴질 수 있는 것이 선천성 장애인들의 생각일 것이다.

오늘날 실업난이 심각하다지만 웬만한 중소업체는 인력난으로 문을 닫거나 이전을 하는 형편이다. 일반인도 취업하기 어려운 현실에 장애인들이 취업하기는 더욱 어렵다고 할 수 있다. 이제는 이태백을 지나 이구백(20대 90%가 백수)이라는 신조어가 생겨났을 정도로 실업난은 그야말로 기하급수적으로 증가하고 있는 추세다. 2008년도 1분기 청년실업자 수가 305만 명을 넘어섰다고 하니 40~50대까지 포함하면 훨씬 더 많다고 볼 수 있다. 그러니까 20대의 10명 중 9명이 백수인 현실이다. 그렇지만 중소기업체는 여전히 인력난이 심각한 이유는 자신의 적성이나 눈높이에 맞는 직업을 선호하기 때문이다. 어느 장애청년은 일자리만 준다면 3D라도 마다하지 않겠다는 자신감이 귀감이 되어준 바 있다. 서울 외곽에 위치한 중소업체는 초봉이 120만 원, 하지만 일손을 구하지 못해 결국 회사를 중국으로 이전했다고 한다. 그렇다면 그 회사는 해외이전을 했어야 할 정도로 인력을 구하지 못했다는 말인가! 그러면 그동안 장애인들의 지원도 없었다는 말이었다고밖에 볼 수 없다. 3D도 마다하지 않겠다던 장애청년의 외침은 신기루였는가! 일반인도 기피할 정도의 일인데 장애인들이 할 수 있는가 하는 편견이 유망한 기업체는 조국에서 떠나야만 하는 형편이 되었다. 힘들고 어려운 일이라고 기피하는 일반인과 달리 그러한 일도 마다하지 않겠다는 장애인들을 보면서 오히려 이와 같은 눈높이를 맞추려는 일반인들이 정신적 장애를 겪고 있지는 않은가 생각해 봐야 할 일이다.

에·덴·장·애·인·복·지·론

제3장

복지선진국을 향해

이토카 가츠오상

2004년 에덴복지재단은 한 통의 국제전화를 받았다.

"안녕이노 하시므니까, 저희 이토카 가츠오재단에서 한국의 정덕환 상에게 이 상을 수여하게 되어쓰므니다."

장애인복지에 공헌한 사람에게 주는 '이토카 가츠오상'의 수상자로 선정되었다는 연락을 받은 정 이사장에 직원들의 축하가 이어졌다. 선수시절에도 가보지 못했던 해외여행을 환갑을 앞둔 나이에 가게 되었다는 데 의미가 깊었다. 더구나 사회복지분야의 노벨상이라 불리는 국제상의 수상자로 한국인 정덕환 이사장이 결정되자 재단은 경축분위기를 연출하였다.

"중국에 이어 일본을 가보게 되다니 감개무량하다."

"축하드립니다."

종교계의 노벨상으로 불리는 "템플턴상"이 있다면 복지계의 노벨상은 단연 "이토카 가츠오상"이 있었다. 국가대표시절에 1970년 방콕아시아 경기대회를 추천했으나 군입대로 인해 미루어지다 1972년 독일에서 개최되는 올림픽을 앞두고 사고를 당했기 때문에 그에게 해외여행의 기회는 그로부터 32년 만에 이루어졌다고 볼 수 있었다. 인천공항에서 항공편으로 도착한 일본은 가히 복지천국이라 불릴 만큼 장애인복지재도는 우리나라의 복지제도와 대조를 보였다. 곳곳마다 장애인시설이 되어 있어 그가 본 일본의 첫 인상은 "일본은 장애인들이 많은 나라로구나!"라고 생각했을 정도였다. 각 기업체뿐 아니라 웬만한 일터에는 장애인을 고용하지 않은 기관이 없을 정도로 일본에서는 장애인들도 다양한 분야에서 활발하게 활동하고 있었다.

장애인들을 위한 편의시설은 말할 것도 없었다. 일본법이 장애인을 차별하면 사형과 같은 중형이 선고되는 것도 아니었다. 단지 일본인들 스스로 장애인들에 대한 인식이 그만큼 높다는 의미라 할 수 있다. 승차거부 또한 구경하기 힘들었다. 공항에서 시상식장까지 택시를 이용했는데 휠체어를 탄 손님을 보자마자 정차하는 것이었다. 택시를 잡으려고 손을 드는 순간 택시가 정차하여 운전자가 직접 내려서 휠체어를 트렁크에 넣고 택시 안으로 손수 들어 넣어주기도 했다. 일본이 친절하다고 들어왔지만 직접 체험을 한 일본이 옛 감정에 사로잡혀 미워할 것도 아니었다. 그런 일본이 한국인을 수상자로 결정했다는 데 대해 일본 정부에 감사했다. 2시간에 걸친 비행 끝에 도쿄 나리타공항에 도착하자마자 장애인용 승합차로 시가 현으로 이동했다.

시내버스는 장애인시설이 완벽하다. 일본은 철도망이 발달되어 버스는 몇 대 안 되지만 그 몇 대 안 되는 버스조차도 장애인시설이 완비되어 있었다. 우리나라에도 저상버스가 있지만 잘 활용되고 있는지 의아하다. 얼마 전 모 일간지 독자투고란을 통해 본 내용이 있었는데 한 휠체어 장애인이 저상버스를 기다리느라 1시간 이상을 정류장에 있었다고 하면서 이를 개선하자는 내용의 글이었다. 이를 보고 "몇 대 안 되는 저상버스 기다리느라 추운데 고생하지 말고 자가용 타고 다니란 말이야"라고 말하는 사람도 있을 것이다. 그렇게 말하는 이들은 정녕 장애인들에게 자가용을 구입해 몰고 다닐 수 있도록 여건을 마련해 주셨는지 묻고 싶다. 지금은 많이 개선되어 저상버스가 지역마다 운행되고 있지만 장애인을 대하는 인식은 별반 다를 바 없다. 장애인들이 바라는 것은 시설이 아니라 따뜻한 배려와 관심이다. 시설만큼이나 장애인에 대한 인식과 '할 수 있다'는 긍지를 심어주는 관심과 사랑이 중요하다. 이 글은 3년 전 한 기고문을 인용한 내용 중 일부분이다.

"일본에 문화를 전래한 우리나라이건만, 그런 일본이 이렇게 하는 동안 그렇게 찬란한 역사를 가진 우리나라는 과연 무엇을 했단 말인가!"

그는 이러한 생각에 상을 받았어도 그렇게 기쁘지만은 않았다. 이웃 일본은 1970년대부터 "장애인고용촉진법"을 제정하였다. 우리나라가 경제선진국으로 발돋움하는 시기였다면 일본은 이미 복지선진국으로 발돋움하는 시기였다고 볼 수 있었다. 필자가 70년대에 일본에서 살아보지 않았기 때문에 정확한 연도는 알 수 없으나 1인당 국민소득이 1만 불을 달성하기 이전이었던 때로 우리나라는 이제야 "장애인 차별금지법"을 제정한 상태이다. 그런데 이마저도 무용지물이 될 위기를 맞고 있다. 일본의 이토카 가츠오는 우리나라가 식민지 시절에 일본 내에서 장애인을 위해 활동하던 자선 사업가였다. 60도 채 안 되어 유명을 달리했지만 그의 성과와 업적은 국제적으로 널리 알려지고 있다. 매년 장애인복지향상을 위해 자국뿐 아니라 해외의 복지사들에게 "이토카 가츠오상"을 수여하라는 유지를 남겨 이 상을 제정했으니 이것은 복지계의 "노벨상"이라 불리기도 한다. 특히 일본은 과거 피폭 이외에도 지진으로 인한 장애인들이 늘어나면서 일본의 복지제도와 인식은 선진국형이다. 우리나라의 물리치료기기와 전동휠체어 같은 재활시설은 대부분 일본에서 들여온 것이다. 그렇지만 이제는 우리나라의 기술수준이 높아지면서 자체기기가 속속 개발되고 있으며 이를 개도국들이나 주변국에 수출하고 있다.

　이것을 바탕으로 "장애인 복지네트워크"라는 프로젝트를 추진하는 계기가 되기도 했다. 우리나라의 복지수준이 외국에 비해 뒤지지 않다는 것을 입증하는 쾌거이기도 하다. 이를 계기로 국제 장애인 행사에도 초청되고 사회복지분야에서의 최고 영예인 "이토카 가츠오"상을 수상하게 되는 결정적인 계기가 된 것이다. 20여 년간 장애인 인권 및 복지

향상에 기여해 온 공로로 일본 이토카 가츠오 기념재단이 주최하는 가츠오상을 수상하는 정덕환 에덴복지재단 이사장이 사회복지법인 에덴복지재단 정덕환 이사장이 '이토카 가츠오'상 수상자로 결정되었다. 올해로 제7회를 맞는 본 상은 장애인권 존중을 바탕으로 장애인 복지 향상과 장애인 가정의 생활안정을 위해 헌신, 노력한 일본을 비롯하여 이웃 아시아 국가들에 시상하는 제도이다. 재단법인 이토카 가츠오(ITOKA KAZUO) 기념재단은 일본 시가현에서 1914년 11월 15일 출생하여 68년 56세의 나이로 요절하기까지 장애인 인권 및 복지향상에 이바지한 이토카 가츠오의 기본 정신을 이어가기 위해 지난 97년부터 본 상을 제정하여 매년 실시하고 있다.

이 제도가 시행된 지 6주년이 되는 해 수상자가 된 정 사장은 한국인으로는 비교적 빠른 시기에 수상자가 된 셈이다.

앞으로도 직업적 중증장애를 가진 이들의 직업재활을 위해 힘쓸 것이라는 수상소감과 함께 부상금 200만 엔을 의미 있게 사용하기 위해 에덴복지재단의 장기 숙원사업인 직업재활센터 건립 및 장애인선교 비용으로 쓸 예정이다. 정 이사장은 추후 계획에 대해 국내 중증장애인 직업재활 활성화뿐 아니라 북한 장애인의 인권향상, 선교 및 보장구 지원 등도 추진할 계획이라고 밝히며 건강이 허락하는 데까지 지속적으로 힘쓸 것이라는 다짐이다. 이에 덧붙여 장애인 단체들이 보다 정직하고 솔직해지며 인격적으로 거듭나길 바란다는 그의 판단이다. 이제 더 이상 작은 그릇 하나를 두고 서로 앞다투어 쟁취하려는 좁은 식견을 버리고 거시안을 가져 자원 낭비는 막자는 뼈 깊은 당부의 말을 전했다. 시상식은 일본의 사회복지사 이토카 가츠오의 본 고장인 시가 현에서 31일 열린 뒤 일본의 사회복지사들과 함께하는 수상만찬을 가졌다. 이 자리에서 정덕환 이사장은 이 과정에서 대학시절 습득한 일본어 실력을 충분히 발휘할 수 있었다.

"통역사가 있으니 우리말을 쓰셔도 됩니다."

"아니 우리말을 잘하시네요."

시상식이 끝나고 기념촬영을 한 뒤 다과를 나누었다. 자신의 장애인복지사업이 이웃 중국과 일본에도 알려지면서 감개무량했다. 그렇게 해서 국제적으로 눈을 뜨고 구상한 것이 "장애인복지네트워크"였다. 복지 선진국인 일본 시가 현에서 시상식이 거행된 이 상은 일본의 전설적인 장애인 복지사였던 이토카 가츠오를 기리기 위해 제정된 상이다. 시상식을 마치고 귀국한 정 이사장은 에덴식구들의 열렬한 환송을 받으며 기자단의 플래시 세례를 받았다. 이것은 국가대표선수 시절 금의환향하는 기분과는 사뭇 다른 입장이었다. 국제대회나 올림픽에서 금메달을 목에 걸고 귀국하는 기분도 이와 같은 기분이었을까 하는 생각이었다. 이것을 기초로 해 '아시아 · 태평양 지역 장애인직업재활센터'를 포함한 에덴타운 건립을 구상하기 시작했다. 상금으로 받은 200만 엔을, 이를 위해 투자하려는 의지도 있었다. '에덴복지재단'이 위치한 경기도 파주일대 3만 평 규모의 부지에 건립할 에덴타운 재원마련을 위한 국고보조금 신청 및 일반인과 기업을 대상으로 10억 원 모금 목표액을 정하고 2003년부터 추진에 들어갔다.

줄기세포 논쟁

같은 해 황우석의 줄기세포연구는 장애인계에 한 획을 긋는 쾌거였다. 그러나 2005년 연말부터 의혹이 제기된 논문조작사건에 대한 시비는 현실로 나타났다. 강원래가 다시 일어서 춤을 추고 이지선이 다시 얼짱이 되고 채규철 박사가 예전의 얼굴을 되찾고 슈퍼맨이 하늘을 날고 이승복이 다시 체조(!)를 할 수 있다는 그의 호언장담은 모든 장애인들에게 한 줄기 희망이었다. 그러나 노모 이사장이라는 한 산과의사에 의해 의혹이 재기되면서 설마 하는 기대감으로 촉각을 곤두세웠다.

채규철 박사는 얼마 전 유명을 달리하셨다. 하지만 의혹은 점차 사실로 드러나기 시작하면서 최고 과학자 명단에도 제외되는 등 사태는 병술년 새해 들어도 계속되었다. 그러나 황우석 박사에 기대를 걸었던 모든 지체장애인들은 그를 원망하지 않는다고 하나같이 말한다. 줄기세포가 실용화되면 가장 먼저 수술을 받아 다시 하늘을 훨훨 날아오를 것이라는 국가대표선수 출신의 척수장애인 의사 이승복 씨의 소망도 산산조각이 나는 순간이었다. 이렇게 전 세계를 상대로 국가의 이미지를 실추시켰다는 데 대해 부끄러움과 더불어 이에 얼마나 많은 장애인들이 절망했을까 하는 생각이었다. 신체장애인 외에도 언어장애인을 웅변가로 만들고 정신지체아를 아인슈타인으로 만들 수 있는 의학기술이 눈앞에 두고 수포로 돌아가는 것인지 기대는 실망으로 돌아왔다.

이에 종교인들은 말한다. 생명윤리는 지켜져야 한다고…….

물론 생명윤리는 지켜져야 한다. 그렇다면 과연 인간이 복제되어 영생할 수 있으리라 생각한다면 오판이다. "영생"과 "무병장수"는 구분되어야 한다. 인간은 다시 하늘나라로 가야 할 나그네일 뿐이다. 그렇지만 생명윤리를 떠나서 엄청난 경제적 이득(무려 1,000조 원)으로 빈부 간의 격차가 없는 더불어 잘사는 복지선진국으로 발돋움을 할 수 있는 성과이기도 했다. 그렇게 되면 누구말대로 국민 대부분이 궁궐 같은 집에 자가용 몰고 산해진미 매일 먹을 수 있는 진정한 복지천국이 될 것이라는 허상 아닌 허상을 하기도 했다. 물론 이것이 실용화가 되면 그것은 허상이 아닌 현실이 될 수 있다. 이것은 메즈메디컬센터 노성일 이사장의 의혹재기로 시작된 줄기세포 논쟁은 2006년 새해 들어 계속되었다. 전 국민의 눈과 귀가 황우석 박사에 쏠렸고 매스컴도 그의 줄기세포사건을 파헤치는 데 집중되었다. 최근에도 줄기세포에 대한 논쟁이 계속되었는데 모 인터넷신문사 앞에 피켓과 벽보가 줄기세포연구에 대한 사례가 어디까지가 진실이고 거짓인가 하는 내용이었다. 그럼에도 지체장애인들은 그를 원망하지 않는다는 것이다. 황 교수의 연구재개를 요구하며 분신하는 사람이 있는가 하면 촛불시위 행렬은 마치 그에게는 신(神)과도 같은 존재가 되었다. 난자기증도 줄을 이었다. 생명윤리란 인간이 건강한 삶을 살아가는 것이라고 할 수 있다. 돈을 잃으면 조금 잃는 것이지만 건강을 잃으면 모든 것을 잃는다고 하듯이 인간은 누구나 행복한 삶보다 건강한 삶을 추구하고 있다.

물론 육체적인 건강도 좋지만 정신이 건강해야 모든 이상을 이룰 수 있는 것이다. 육체가 건강할지라도 정신이 건강하지 않으면 아무런 뜻도 비전도 이룰 수 없다. 비록 육체는 부실해졌어도 정신만은 밝고 건강함으로써 시련을 딛고 일어설 수 있었던 것이다. "할 수 있다"는 자신을 심어주는 것도 정신적인 바탕으로 창조해 낼 수 있는 시례이다. 정신을 맑게 하는 신약이 개발되었다고는 하지만 무엇보다도 마음가짐이 중요하다. 그러나 이미 엎질러진 물이요 떠나간 막차였다. 그보다도 생명윤리를 떠나 엄청난 경제적 이득으로 빈부격차 없는 더불어 잘사는 복지선진국의 실낱같은 희망조차 물거품이 되었다는 데 대해 병술년 새해는 부끄러움 속에서 맞이하였다. 그는 최고 과학자 명단에서도 제외되었고 교수직에도 파면되는 불명예를 남겨주었다. 그렇게 줄기세포특허는 미국의 생명공학자 새튼 교수에 넘겨졌지만 이를 부시행정부가 거부하여 중국으로 넘어갔다. 그런데 줄기세포연구에 대해서 레이건, 클린턴도 그 기술을 인정하고 있다. 종교적인 견해 차이 때문인지 가톨릭인 레이건과 클린턴 前 대통령이 줄기세포연구에 대해 긍정적인 평가를 한 것인지도 모른다. 1,000조 원 가치로 인한 세금 전무에 더불어 잘사는 복지선진국으로도 부상할 수 있는 절호의 기회는 느닷없는 의혹 제기에 굴러들어 온 호박을 차버린 결과가 되었다.

기독교는 줄기세포가 생명윤리에 위배되는 것이라 평가하지만 과연 무엇이 진정으로 생명윤리에 위배되는 것인지 상기해 본다. 이것을 세계 최강국인 미국이 거부권을 행사했지만 과거 아인슈타인이 핵물질을 연구했고 이를 처음 실험한 나라는 미국이다. 한 세대가 지났으나 이것이 유출된 지역은 지금도 기형아와 동·식물이 탄생하는 등 그 후유증이 지속되고 있으며 인체에 감염되어 장애인으로 진화하는 끔찍한 결과를 초래하고 있다. 그러한 경각심 때문인지 핵물질이 쉬이 사용되지 않고 있지만 그렇다고 안도할 수도 없는 현실이다. 세계에서 가장 오염된 도시와 장애인이 많은 도시가 히로시마와 체르노빌이라고 한다. 각각 60년, 20년이 흐른 지금도 최장수 오염국가라는 불명예를 지니고 있으니 그 핵이라는 물질이 얼마나 위력적이었는지 상기시켜 주었다. 지금은 과학기술의 발달로 어느 정도 정화되었다고 하지만 인체와 모든 생명체에는 앞으로도 그러한 물질에 감염된 채 탄생할 것이라는 추측이다. 많은 사람들이 여전히 아인슈타인을 존경하는 천재과학자로 인식하고 있다. 그렇다면 과연 아인슈타인 박사는 천재였을까 하고 묻는다면 필자는 'NO'라고 대답할 것이다. 그를 추앙하는 혹자들 가운데는 그것을 악용한 사람들이 나쁘지 그것을 발명한 아인슈타인의 잘못이 아니라고 말한다.

후세에 악용될 수도 있다고 경각심을 가졌다면 결코 그것을 발명하지 않았을 것이다. 그러므로 아인슈타인은 천재가 아닌 미래를 내다보지 못한 바보 과학자였다. 비록 우리나라의 조급증이 인류 최대의 과학자인 황우석 박사를 거짓말쟁이로 매도하였지만 누가 뭐래도 금세기 최고의 천재 과학자는 황우석 박사라고 믿어 의심치 않는다. 원자력 발전이 문명의 이기라는 위험천만한 생각을 버리지 않으면 지구상의 모든 생명체들은 머지않아 멸종될 것이다. 그러면 줄기세포는 인류에 어떠한 악영향을 끼쳤는가? 단지 생명윤리에 위배되는 것이기에 각종 난치병을 치유할 수 있고 식량안보를 지킬 수 있는 인류 최대의 발명품으로 생각하고 있다. 하지만 여전히 백악관만은 줄기세포연구에 대해 부정적인 입장을 고수하고 있다. 지난해 조지 W. 부시 미국 대통령은 조찬기도회를 통해 줄기세포 거부권행사를 하는 이와 같은 발언을 했다.

"인간은 죽을 수밖에 없는 존재이다……. 따라서 인간을 복제하고 영생하려는 것은 하나님과 대적하는 행위이다."

다소 생뚱맞은 발언이긴 하지만 전혀 어이없는 발언은 아닌 듯싶다. 생명공학이라는 분야가 인류에게 어떠한 영향을 끼치는지 알 수 있다. 어쩌면 생명윤리라는 신의 영역에 도전하는 행위라는 등 이러한 망상 때문에 종교인들은 못마땅하게 여기는 것인지도 모른다. 다만 이 같은 기술이 악용되지 않고 유용하게 활용된다면 에덴동산은 상상 속에서만 존재하지 않는다고 볼 수 있다. 어찌되었든 간에 우리나라의 줄기세포 논란은 종지부를 찍었으나 특허권을 얻은 미국은 다른 입장으로 논란이 계속되고 있다. 그런데 줄기세포기술은 미국 내에서도 재평가를 받기 시작했다. 항간에 줄기세포특허가 중국으로 넘어가 실험에 성공하여 그 기술이 북한에 수출되었다는 설이 있는가 하면 황우석 박사가 태국에서 연구를 재개하였다는 두 가지 설이 있는데 최근 호주에서 줄기세포연구에 대한 특허를 취득했다는 듣던 중 반가운 소식이다. 금융위기로 세계경제가 요동치고 있는 현시점에서 이것은 그나마 위안이 되어 주고 있다.

최근 국제곡물가격폭등으로 식량안보에 적색경고등이 켜지면서 인류는 더욱 줄기세포의 필요성을 느끼기 시작하였다. 이렇듯 인류는 현대문명에 한 획을 긋는 경이로운 발전을 이루었으나 그 폐해는 상상을 초월한다. 세계최강국인 미국이 그토록 거부하는 줄기세포기술과 핵기술을 비교해 본다. 세계인들은 아인슈타인을 위대한 과학자라고 평가하고 있지만 필자는 그렇게 생각하지 않는다. 물론 원자력이라는 현대문명의 이기를 가져다주었지만 반세기 전 최초의 핵 피해국인 일본은 지금도 히로시마와 나가사키에는 기형아와 동·식물이 자라고 있으며 앞으로도 그렇게 될 것이라는 전망이다. 혹자들 가운데에는 그것을 발명한 아인슈타인의 책임이 아닌 훗날 그것을 악용한 사람들의 잘못이라고 하지만 후세에 악용될 수 있다는 점을 감안하지 않아 그 기술이 오늘날 인류의 생존을 위협하고 대기 및 토양, 생태계 오염으로 인하여 석유, 식량고갈 위기에 무방비로 노출되어 있다. 따라서 아인슈타인은 당장의 이익만을 바라다본 결과 미래를 내다보는 예지력이 없었던 것이다. 그리고 그 기술을 최초로 실험한 나라는 미국이다. 이처럼 핵 기술과 달리 줄기세포기술은 인류의 종말이 아닌 번영을 가져다줄 수 있으리라 본다.

최근 미 상원의원이자 유력 대선주자인 힐러리 여사는 집권하면 줄기세포 연구를 전면 허용하겠다는 공약을 내세워 그의 지지도는 고공행진을 하고 있다. 물론 이 같은 공약을 내세우기 전부터 선두를 달리고 있었던 것은 줄기세포 연구를 시작한 빌 클린턴 정권의 후광이 적용한 것이었다. 들던 중 반가운 소식이지만 더 이상의 논쟁거리가 되지 않았으면 하는 바람이기도 하다. 이제 더 이상 희귀병으로 고통받고 기아에 허덕이는 소외된 사람이 없는 더불어 잘 사는 지상천국은 전 인류의 염원이기도 하다. 그런데 예상을 깨고 또 한 명의 경선주자였던 버락 오바마가 대통령 후보로 선출되면서 그가 힐러리 클린턴의 공약을 이어받아 실행에 옮길지 두고 본다.

비록 특허가 제3국을 통해 이뤄졌지만 이제 우리는 황우석에 대해 관용을 베풀어야 한다. 인간으로서 실수는 있게 마련이다. 한 번 실수는 병가지상사라는 말이 있듯이 우리는 황우석 박사의 노고를 인정해야 할 때이다. 어린 시절 머리를 깎지 못해 선생님께 머리를 뜯기고 11조를 내지 못해 교회를 다닐 수 없었던 양심적 인간 황 박사에게 다시 한 번 기회를 주는 것이 누이 좋고 매부 좋은 일이 되는 것이다. 다행이 우리나라에서도 그가 섬기는 불교계와 고향인 충남을 중심으로 연구특허를 요구하는 움직임을 보이고 있다. 이제 원점으로 돌아가 과학계의 쾌거를 기대해 보도록 해야 한다.

지금 우리에게 필요한 것은!

　오늘 날 우리가 추구하고픈 것은 빵이나 자유가 아니다. 이것은 우리의 선배들이 헌신하고 눈물겨운 희생 끝에 이루어 낸 성과이기 때문에 이제 우리가 요구하는 것은 소외계층의 "삶의 질"이라 할 수 있다. 과거 우리의 선배들은 먹고 살만하면 복지는 향상될 것이라고 말하였다. 21세기 들어 장애인복지제도가 급속히 향상되기는 했으나 장애인에 대한 인식이 향상되었다고 보기는 어렵다.

　이것은 끝나지 않은 장애인들의 처절한 외침이기도 하다. 물론 지금은 시각장애인을 위한 점자문구나 청각장애인을 위한 자막, 지체장애인들을 위한 리포트시설과 저상버스 등 편의 시설이 늘어나면서 많이 개선되었다. 그러나 장애인들에게는 여전히 배고픈 현실이다. 혈기왕성하게 일할 수 있는 20, 30대 장애인들 가운데 사회적 편견으로 취업을 하지 못해 연금만으로 생활하는 보호대상자들이 태반이다. 이것이 습관화되면 결국 생산성은 급격히 저하될 것이고 몸이 조금 불편한 젊은 인재들이 가만히 앉아서 지갑을 채우는 것으로 만족해할지도 모른다. 성경말씀에도 일하기 싫은 자 먹지도 말라고 했듯이 400만이 넘는 인력들이 일을 하기 싫은 것도 아니고 일을 하고 싶어도 일을 할 수 있어도 기회가 주어지지 못하고 있기 때문에 장애인차별금지법까지 제정하는 실정에 이른 것이다. 새 정부의 표제가 "국민성공시대"이듯 성공을 위해서는 일을 해야 한다. 그러기 위해서는 장애인들에게도 고용제도가 활발히 이루어져야 한다.

더구나 요즘은 일반인도 취업난이 심각한 현실에 장애인들은 말할 것도 없다. 그러므로 정치권의 장애인 고용활성화를 위한 지원이 절실하다. 그렇지만 현실은 엉뚱한 곳에 자금이 투자되는 등 예산낭비를 하고 있다. 최근에도 모 지방자치단체의 의정활동비를 강행하여 빈축을 사고 있다. 주가는 내려가는데 의정비는 오르는 한마디로 불난 집에 휘발유를 뿌리는 현상이 일어나고 있다. 정녕 의정활동비를 올려 받아 올바로 쓰일지 소외계층은 불신하고 있다. 돈 많이 받는 만큼 의정활동에 성과를 거두었는지 아니 그것을 감면하거나 동결하여 그 예산을 장애인을 위한 일자리를 늘리는 것이 더 바람직하지 않을까? 경제활동을 하는 인구가 늘면 자연스레 세비는 늘어난다. 일해서 번 돈을 성실히 납부하면 그것이 지자체나 국회의 의정비로 돌아갈 것이다. 그것은 얼마나 국가와 국민에 헌신하느냐에 따라 다르다.

내가 아는 지인 중에 안희환 목사라고 있다. 국제기아대책기구 이사로도 활동하고 있으며 옷이 없어 거시기부분만 가리고 이리 뛰고 저리 뛰는 최극빈 국가들에게 전달될 구호품을 저장하고 있었다. 나보다 못한 이웃을 돕는다는 것에 대해 마음이 뿌듯하다며 장애는 결코 도움만 받는 대상이 아니라고 말한다. 만일에 현 장애연금을 대폭 인상한다면 어떻게 될 것인지 상상해 본다.

물론 현 시점에서 향후 수십 년간은 불가능한 제도일 것이다. 경기가 갈수록 나빠지고 있는 상황에서 복지예산을 삭감할 것이라는 상황에서 그것은 기대할 바 없지만 만에 하나 그러한 정책이 이루어진다고 해도 그것은 결코 옳은 정책이 될 수는 없다. 북부유럽의 경우 복지제도가 가장 잘 정착된 나라이지만 그것으로 인해 노동력은 현저히 감소하고 있어 장기침체를 겪고 있는 원인 중에 하나라고 볼 수 있다. 무작정 복지예산을 늘린다고 해도 그것이 국가경쟁력을 키우는 데 유용하리라고 보지 않는다. 차라리 그 예산으로 장애인을 위한 일자리를 제공하여 그들에게도 활동력을 키워주고 대인관계를 넓혀 그렇게 수익을 얻을 수 있는 여건을 조성하는 것이 더 효율적이지 않을까 생각한다. 얼마 전 치룬 대선 기간 중에도 후보들의 공약 중에는 장애인 연금인상을 내세운 후보는 없다.

모 대선후보는(힌트를 드리자면 기호가 8번이었던 사람) 노인수당 70만 원을 공약으로 내세우기도 했다. 그런데 그가 노인수당이 아닌 장애인수당 70만 원으로 했다면 어떻게 되었을까 하는 생각도 해본다. 이것은 장애인들이 일을 할 수 없기 때문에 연금이나 수당으로 살아가라는 말이나 다름없다. 심신이 약하거나 장애로 인하여 남에게 무시를 당하거나 핍박을 받는다면 힘을 길러야 한다지만 토끼가 성장한다고 사자가 될 수는 없지만 장애인들의 지금까지 살아온 삶을 상기하면 이것은 주어진 삶의 만족하는 수밖에 없다는 말이나 다름없다. 그러나 토끼는 꾀가 많다는 장점을 살려 맹수를 제압한다는 이솝우화처럼 인간은 이성과 감성을 지닌 동물이다. 비상한 두뇌와 정신력이 건강하면 신체적인 허약함이야 얼마든지 극복할 수 있다고 믿는다. 하지만 인간은 동물과 근본이 다른 생명체이다. 인간은 영을 가지고 있어 무한한 잠재력을 발휘할 수 있는 능력을 지니고 있다. 하지만 안타깝게도 현 경제사정을 볼 때 그렇지 못한 것이 현실이다.

장애인차별금지법

　아래는 2007년 3월 6일 개구리가 겨울잠에서 깬다는 경칩에 제정 통과된 '장애인차별금지법'의 조항이다. 장애인을 인간으로서 존중하고 더불어 살아가며, 능력을 최대한 발휘하여, 가치 있는 삶을 영위하도록 지원하는 데 따르는 것을 원칙으로 한다. 장애인단체에서는 이것을 '역사적'이라고 표현을 하면서 반겼으며 논문조작의혹으로 제기된 줄기세포 신화에 대한 실망감으로 깊은 실의에 빠져 있던 장애인들에게 이 법안은 한 가닥 희망을 안겨주었다. 그 과제로는 1. 장애인 복지 수준은 우리나라의 경제성장과 국력의 발전단계에 맞게 향상시켜 나가고 2. 복지혜택은 모든 장애인에게 골고루 배분되도록 하여 생활안정을 기하여 3. 장애인 문제는 국가의 사회뿐만 아니라 장애인과 그 가족의 공동 노력으로 대처해 나가야 한다. 이 외에도 7개의 조항들을 내세워 제정된 장애인차별금지법은 조례 제정되고 1년 1개월 만인 2008년 4월 11일 시행되었다.

1. 인권 존엄의 동등성
2. 장애의 개별성
3. 발달의 보장성

4. 욕구의 평등성

5. 기회균등

6. 사회참여의 평등성

7. 사회적 역할의 가치화

그러나 이 법안은 기존법을 답습한다는 비판여론으로 동시에 곳곳에서 실효를 거두지 못하고 있는 형편이다. 일본도 2003년 장애인차별금지법을 제정하려 했으나 정부와 NGO의 의견 차이로 성사되지 못하였다. 물론 일본에도 장애인을 차별하는 사례가 있어 이러한 법안을 제정하려는 의도가 못마땅했던 것이다. 스스로 인식을 깨우쳐야지 꼭 법으로 다스릴 필요가 있겠냐는 것에서였는지도 모른다. 모 언론사의 주필은 장애인차별금지법을 축하한다는 내용의 칼럼을 기고하기도 했다. 그러나 이것이 꼭 법으로 다스려야 하는 것인가 하는 생각에 그다지 달갑지만은 않은 법안이라고 생각하기도 했다. 2년 전 모 정당의 복지예산삭감조치에 장애인단체에서 농성을 벌인 것을 보았는데 나는 그 정책에 대해서는 다소 호외적인 편이다. 장애인도 일할 수 있는 능력이 있고 의욕이 있다. 지난 몇 년간 성장보다 분배 위주의 정책으로 흘러온 결과 장애인들의 대부분이 복지수당으로 연명하는 일이 비일비재하다. 이것이 습관화되어 장애인들에게는 더 이상 '인력'이 아닌 애물단지로 전락

하지 않을까 우려되기 때문이다. 복지예산으로 장애인을 위해 일자리를 더 만들어주는 것이 효율적이라고 생각한다. 따라서 일방적인 예산삭감이 아닌 정책전환이 요구되는 시점이라 할 수 있다. 그 외에도 올바른 인성교육이 장애인들에게 힘을 실어주기도 한다.

물고기 한 마리를 잡아주면 한 끼 식사가 되지만 물고기를 잡는 기술을 가르쳐 주면 평생의 식사를 해결해 줄 수 있다. 장애인들과 우리 사회의 여러 소외계층을 대한 복지정책이 한순간의 동정적인 시각이 아닌 지속적인 관심과 구체적인 방법 제시가 필요하다. 장애인에게 장기적인 일거리 제공, 장애인 생산품 지원 판매, 장애인 직업재활시설에 대한 원재료구입비절감, 장애인 연계고용 제도 등을 통해 관련기업들의 협조가 필요하다. 그러나 시행령의 핵심이 무엇인가 하는 것이다. 장애인의 일상생활에서의 차별을 배제하고, 거창한 내용만이 가득한 것이 아닌가라는 생각이 들기 때문이다. 게다가 현재까지 차별구조를 혁파하고 개혁하려는 의지가 잘 보이지 않기 때문이다. 시행령 중 다음의 몇 가지 조항에 대하여 문제점을 지적하고 개선방향에 대하여 논의하고자 한다.

첫째 제11조(시설물의 대상과 범위). 법 제18조제4항에 따른 시설물의 대상과 단계적 적용범위는 '장애인·노인·임산부등의편의증진보장에관한법률' 제7조 각 호의 어느 하나에 해당하는 대상시설 중 2009년 4월 11일 이후 신축·증축·개축하는 시설물로 한다. 이 조항을 살펴보면 2009년 4월 10일 이전에 존재했던 건물에 대하여는 차별구조를 방치하겠다는 것이다. 적어도 2009년 4월 10일 이전의 건물이 제공했던 차별구조에 대하여 개선방안이 전혀 제시되고 있지 않다는 점이다. 결국 장애인들이 현존하는 시설물에 의한 것은 그대로 두겠다는 의도이다.

결국 지금까지의 제도를 법적으로 정당화하겠다는 뜻인가? 제대로 되려면 현존하는 시설물에 대하여 단계적인 방법으로 차별구조를 개선하겠다는 의지와 개혁방법이 제시되어야 하지만 적어도 이 법이 실효성을 가지려면 2008년 4월 11일이어야 하지 않은가? 고로 이 조항에 따르면 앞으로 1년간 지어지는 건물에 장애인은 제외되어도 상관없다는 뜻으로 봐야 할 수밖에 없는 것이다.

두 번째는 사업장의 단계적 범위(제6조 관련)에 관한 것이다. 상시 30명 이상 100명 미만의 근로자를 사용하는 사업장은 2013년 4월 11일부터 적용한다. 3항에 의하면 상시 30명 이하의 근로자를 사용하는 사업장에 대한 규정은 보이지 않는다. 30명 이하의 근로자를 채용하고 있는 지역사회 내의 사업장에서 빈번한 차별이 일어나고 있다고 한다. 지역사회 내 사업장(즉 마켓, 편의점, 병원, 학원 등)의 대부분은 30명 이하의 근로자를 채용한 곳이다. 비장애인들과 같이 생활하고 작업하는 공간이기에 장애인들은 비장애인들의 눈총을 받곤 한다. 그러한 곳에서 차를 마시고, 음식을 먹고, 공부를 하고 싶어 한다. 그러나 이들은 이러한 시설에서 장애인과 비장애인이 나뉘어 활동하고 있다는 것이다. 이와 같이 지역사회 내에서 일상적으로 일어나는 차별에 대하여 구체적인 방안이 없다. 여전히 장애인은 지역사회 내에서 고객의 위치를 상실한 상태로 살아가고 있다.

세 번째는 교육기관의 단계적 범위(제9조 관련)에 관한 것이다. 이 조항에 따르면 유아교육법에 의한 유치원과 영유아보육법에 의한 보육시설에 대한 조항에 큰 차이가 있다. 유아교육법에 의한 유치원은 2013년 4월 11일이 되면 모두 차별에서 벗어난 기관이 된다. 그러나 영유아보육법에 의한 민간보육시설은 장애인 차별금지에서 벗어난 기관이 되고 있다. 시설에 대한 통계표이다.

1. 다음 각 목의 시설: 2009년 4월 11일부터 적용
   나. 「유아교육법」에 따른 국·공립 유치원 중 특수반이 설치된 유치원
   라. 「영유아보육법」에 따라 장애아를 전담하는 보육시설

2. 다음 각 목의 시설: 2011년 4월 11일부터 적용
   가. 제1호 나목 외의 「유아교육법」에 따른 국·공립 유치원
   라. 보육하는 영유아의 수가 100명 이상인 국·공립 및

법인 보육시설(제1호 라목의 시설은 제외한다)

3. 다음 각 목의 시설: 2013년 4월 11일부터 적용
가. 「유아교육법」에 따른 사립 유치원
라. 국·공립 보육시설 및 법인이 설치한 보육시설

위의 조항을 살펴보면 유아교육법에 의한 사립유치원도 장애인차별금지법에 해당되는 기관이다. 그러나 2008년 현재 보육시설을 이용하는 장애아동 중 약 50%에 해당되는 장애아동이 이용하는 민간보육시설은 이 법의 적용대상에서 제외되어 있다.

그렇다면 민간보육시설을 이용하는 장애아동은 위에 해당하는 내용에서 제외라는 것이다. 이 조항을 보면 사립유치원과 민간보육시설의 차이점이 있다. 왜 사립유치원은 적용대상이 되고, 민간보육시설은 제외되어 있다는 것이다. 사립유치원은 편의지원에 있어서 정부에서 지원을 하는 대상이 되고, 민간보육시설은 정부에서 지원하는 대상에서 제외된 것인가? 그렇다면 유치원과 보육시설을 차별한 것이 되는 것이다. 장애인 차별금지가 주된 내용이 아니라 시설의 종류가 주된 대상이 되는 것인가?

장애아동은 어렸을 때부터 통합교육을 받아야 한다. 이를 위해서 가장 중요한 것이 물리적인 공간이 마련되어야 한다. 특히 편의시설이 이루어진 물리적 공간이 있어야 하고,

아울러 장애아동이 완전 통합할 수 있는 지원체계가 이루어져야 한다. 즉 어렸을 때부터 장애인 차별이 이루어지지 않는 구조가 있어야 한다. 이러한 차원에서 유치원이나 보육시설은 운영주체나 규모에 관계없이 장애인차별금지법이 적용되는 대상이 되어야 하는 것이다. 이를 위해서는 장애인 차별이 이루어지는 영역을 최소화해야 한다. 특히 장애인의 일상생활이 이루어지는 지역사회 내에서 장애인 차별이 이루어지지 않도록 해야 한다. 이러한 관점에 앞에서 제시한 시행령 조항은 문제가 있는 것이 아닌지, 장애인 당사자의 시각으로 문제제기를 해보았다.

앞서 언급했던 것처럼 금년 4월 11일 이 법안이 시행되었다. 따라서 '이제 편견은 없다'고 판단했던 필자의 생각은 만용이었다. 필자는 지난 6월 S문학사에 수필로 등단했는데 당선소감에 내가 장애인이라는 소개서를 작성한 바 있는데 이후 연락을 받고 문학사에서 본사 책 100권을 구입해야 한다며 100만 원을 입금하라고 한 사례가 있다. 그래서 순진한 것이었는지 알바라도 해서 책 구입비용을 마련하겠다는 생각으로 알바자리를 구하러 다녔지만 정신지체장애인은 아무 데도 받아주지 않았다.

뭔가 미심쩍어 같은 시기에 등단한 회원에게 메일을 보내는데 책을 구입하는 것이 아니라 부상으로 책을 받는 것이라고 하였다. 그래서 사실 확인차 본사를 방문하였는데 발행인이라는 사람이 정신지체장애인은 활동할 수가 없다며 함부로 등단했다는 말을 하지 말라는 것이 아닌가. 정신지체도 엄연히 등급이 있고 말을 못할 뿐 글로써 의사표현을 할 수 있는 실력은 갖추고 있다. 장애부위에 따라 인식이 바뀌지 않는 한 장애인차별금지법은 허울에 불과할 것이다.

가장 차별받는 장애

장애 자녀를 감금한 목사 부부가 있었다. 이들은 인터뷰를 통해 이렇게 입을 놀렸다. "아들을 위한다는 게 이렇게 또 다른 큰 상처가 될 줄은 몰랐습니다." 정신지체 장애인인 아들을 쇠사슬로 묶어 가둬둔 혐의로 불구속 입건된 김 목사 부부. 이들은 "사회적 물의를 일으켜 죄송하지만, 오죽하면 부모로서 그렇게 했겠냐"며 구차한 변명을 늘어놓았다. 이 기사가 나간 후 네티즌들의 비난이 봇물을 이루었고 기독교가 개독교가 되는 결정적인 계기가 되었다. 한술 더 떠 정신지체장애인 수용시설에서 원생들 6명에게 약을 먹어 사망케 한 목사도 있었다. 이처럼 정신지체장애인들에게 있어 삶은 매우 처참하다고밖에 볼 수 없는 현실이다. 한 인터넷장애인 사이트를 통해 자료를 수집한 결과 가장 차별받는 장애가 안면장애라는 사실을 발췌한 바 있다. 그렇지만 차별받는 장애부위도 성별에 따라 다르다고 한다. 여성의 경우 안면 장애인이 남성의 경우는 정신지체 장애인이 가장 많은 차별을 받고 있다. 미(美)의 상징으로 여기는 여성의 경우 얼굴을 생명으로 여기는 풍조가 만연하기 때문에 안면 장애는 치명적일 수밖에 없다. 정신지체란 말은 지적장애라는 말로 불리게 되었으나 이 부류에 대한 편견은 여전히 높다. 지난 4월 장애인차별금지법이 시행되었다지만 음지에서의 차별은 지금도 계속되고 있다. 역사가 진행되어 왔던 긴 시간 중에 차별이 없었던 순간이 있었는가? 그 대답은 "결코 아니다"이다.

그렇다면 어떤 장애가 차별을 가장 많이 받고 있는지 통계를 보도록 한다. 리서치자료를 통해 본 통계에 의하면 남성과 여성에 따라 그 차이가 있었다. 아래 도표는 원통형으로 작성해 보았다.

남성 : 지적장애 53%
         시각장애 30%
         지체장애 12%
         안면장애 10%
         청각장애 5%

여성 : 안면장애 45%
         지적장애 30%
         시각장애 22%
         지체장애 18%
         청각장애 10%

이와 같이 여성은 주로 안면장애를 가장 치명적인 장애로 인식하고 있는 것이다. 외모 지상주의가 성별에 따라 차별받는 범주가 차이가 있는 것이다.

다음은 선천성 장애의 원인에 대해 알아보았다. 이것은 남녀의 차이가 아닌 각 분야의 종사자에 따라 다르게 나타났다. 우선 종교인을 대상으로 설문한 통계이다.

전생의 죄 때문에: 67%
유전: 23%
흡연: 10%
음주: 5%

* 기독교, 불교, 무속인, 천주교인을 대상으로 한 장애인에 대한 발췌자료.

이렇듯 종교인의 경우 술, 담배를 하지 않는 단체가 많아 예상 외로 음주와 흡연으로 인한 폐해는 극히 낮은 것으로 인식하고 있는 반면 술, 담배를 즐기는 일반인에 대해서는 음주, 흡연으로 인한 장애아 및 기형아 출산이 높게 나타났다. 비종교인, 즉 무신론자를 대상으로 한 설문은 종교인과는 비율이 다르게 나타났다.

흡연: 40%
음주: 37%
유전: 13%
전생의 죄 때문에: 8%

*비종교인을 대상으로 한 설문.

종교인들은 상대적으로 술, 담배를 하지 않는 경우가 많아 전생 때문이라는 답변이 많았다. 그 밖에 장애인차별금지법 시행 6개월을 보내며 장애인에 대한 인식은 얼마나 변화가 있었는지에 대한 통계이다.

나아졌다: 80%
변함없다: 10%
범주에 따라 다르다: 5%
무응답: 5%

2008년도. 장애인차별금지및구제에관한법률이 통과된 해이지만 그렇다고 해서 필자가 경험한 최근의 사례를 들면서 차별이나 편견은 사라지지 않았다고 본다. 법이 시행되었지만 차별이라는 장벽은 여전히 존재하고 있는 엄연한 현실이다. 앞으로 장애인을 차별하면 실형이 선고된다고 하지만 피해자가 고발을 한다 해도 막대한 비용이 들기 때문에(든다고 하더라) 100만 원을 마련하기 위해 알바를 하려 했던 나의 약점을 알고 차별을 한 것이 아닌가 생각하기도 했다. 무료소송제도가 있다고 하지만 요즘 같은 불경기에 선뜻 공짜로 해 줄지 만무하다. 꼭 법으로 다스리려는 상황으로 몰고 갈 것이 아닌 스스로 장애인도 같은 인격체로 인식하는 제사가 필요하다.

최대의 장애물은 '편견'이다

장애인의 사회활동에 걸림돌이 되는 요인 중 하나는 '편견'이다. 나 역시 10년 넘게 방황했고 아직도 주변에는 사회활동에 걸림돌이 곳곳에 적용되어 있다. 인간은 누구나 특정 분야에 한해 달란트를 가지고 있다. 하나님께서 흙으로 인간을 만드셨을 때 혼을 불어 넣은 것 외에도 특별한 재능을 심어 놓으셨다. 결코 장애가 있다고 재능을 잃은 것이 아니다. 예컨대 글을 쓸 줄 아는 사람이 책을 낸다고 하면 "목사도 책 내는 사람이 드문데 네까짓 게 무슨 책을 내느냐…….."고 말한다면 편견이라고 할 수 있다. 반면 "책을 낼 생각을 하다니 대단하다"라고 말하는 것이 좋다. 장애를 장점으로 활용하는 한 장애인의 이야기를 들으면서 장애는 장애로만 인식하지 않고도 다른 재능을 발휘하는 하나의 디딤돌이다. 이와 같이 겉모습만 보고 평가하는 것이야말로 일종의 장애의 한 단면이라고 할 수 있다. 세상에 시험 없이 되는 일은 없다.

지난 8월 교회 수련회를 가던 길에 있었던 일이다. 시내버스 편으로 수련회장소가 푯말에 보였으나 기사양반이 이 버스가 그곳(수련회장소)으로 가지 않는다고 하자 승객 중 한 분도 차를 잘못 탔다고 하자 화들짝 놀란 나는 중간에 하차해 버렸다. 그런데 그 버스가 수양관 입구에까지 가는 노선이었다. 하필 갈림길에서 나는 푯말과 정반대 방향으로 갔으니 날이 어두워지고 가도 가도 푯말과는 멀어지는 것이었다. 하는 수 없이 아무 차나 세우고 빌려 탄 뒤 수양관에 도착할 수 있었다. 이렇듯 나를 한글도 읽을 줄 모르는 중증장애인으로 인식했기 때문에 엉뚱한 곳에서 헤맬 뻔했던 것이다. 이처럼 사람을 겉으로만 판단하는 풍조가 만연해 있는 현장에 있었던 셈이다.

제4장

역사 속 장애인복지

장애인선교의 역사

우리나라 고려시대에도 장애인의 직업대책에 대한 기록이 있다. 고려 23대 원종(1259~1274년) 때인 13세기 후반부터 맹인들이 직접 복술업에 종사하였다(고려사 130)는 맹복술업(卜術業) 제도에 관한 기록이 있다. 조선시대에는 태조2년(1393년)에 노약 폐질자로 자립할 수 없는 자에게 노동면제 및 구휼을 실시했으며, 세종 원년(1419년)에 환과고독, 폐질자에게 쌀과 콩으로 구제하였으며, 그리고 구호사업 외에도 폐질자에게는 모두 노동을 면제하였다. 세조 3년(1457년)에는 임금이 동서활인원에 명하여 장애인, 맹인에 대한 진휼을 실시했다. 정조 7년(1783년)에는 불구 폐질자를 맹인, 지체장애인, 한센씨인, 간질, 언어장애인, 척추장애인 등으로 규정하고 벙어리와 고자는 자력해결에 맡기고 맹인은 복술을 절름발이는 그릇 짜는 일 등 직업보도를 통해 자립하도록 선도했다. 세종 27년(1445년) 3월 서운관에서 훈도 4~5명을 두고 10명의 맹인을 선발하여 3일에 한 번씩 음양학을 교육하였다(세종실록 107)는 기록이 남아 있다. 서운관은 세조 12년(1466년) 1월 관상감으로 바뀌었으며, 음양학은 명과학으로, 풍수학은 지리학으로 바뀌었다(세조실록 33, 38). 따라서 세종대왕은 조선시대 최고의 장애인 복지사였다고 볼 수 있다.

하지만 세종에 대한 후세의 평가는 그다지 긍정적이지 않다. 재위 32년 동안 절대군주가 아닌 서민적인 삶을 사셨던 분. 흉년이 들어 백성들이 궁핍하게 살아 갈 때는 수랏상의 찬수를 줄이고 궁궐 옆에 초가삼간을 지어 그곳에서 풍년이 들 때까지 사신 분. 굶주리는 백성들이 있다면 관리들을 용서치 않을 것이라며 창고의 식량을 풀어 분배해 주신 분. 이런 분을 예수님을 믿지 않았다는 이유로 지옥에 갔다는 일부 그리스도인들을 매즈메디컬센터에 입원시켜 정신감정을 받도록 해야 한다. 비록 당시에는 예수를 모르던 시대였으나 세종대왕이야말로 가장 성경적인 삶을 사셨던 분임에 틀림없다. 서양에 솔로몬 왕이 있었다면 동양에는 세종대왕이 있었다고 해도 과언은 아닐 것이다. 오늘의 우리가 있기까지 선조들이 얼마나 비상한 노력을 했는지 깨달아야 한다. 그렇지만 현실은 결코 그렇지 않다는데 문제의 심각성을 느끼고 있는 것이다. TV에서 방영되고 있는 대하사극 <대왕세종>만 해도 그분의 업적보다는 여성편력이 있는 색마로 인식하게 해주고 있다. 이렇듯 자기 자신만이 뛰어나고 역사위인에 대해서는 부관참시하려는 풍조가 만연한 현실을 보면서 미래가 걱정스러울 뿐이다. 그것을 볼 때 결코 장애가 따로 없음을 느끼곤 한다. 내면상으로 드러나는 장애보다 마음 속 장애의 심각성에 대해서는 깨닫지 못하는 현대인들의 의식구조가 안타까울 따름이다. 그것은 무엇보다도 마음의 자세가 중요하다.

19세기 개화기 때는 선진문물의 도입과 함께 복지문화도 진보하여 박정양, 유길준 등 외교사절단에 의해 미국, 일본의 특수교육이 우리나라에 소개되었고 서유견문이란 저서를 통해 당시 구미 특수교육의 모습을 소개하기도 했다. 이처럼 선조들의 노고에도 불구하고 여전히 장애인에 대한 인식은 미비한 수준이다. 시설이나 제도가 중요한 게 아니라 장애인을 대하는 정상인들의 태도를 말하는 것이다. 겉모습만 보고 평가하는 것보다 직접 실력을 평가하여 판단하는 것이 장애인들의 사기를 높여주는 것이다. 우리나라는 고조선을 거쳐 삼국시대, 신라, 고려, 조선시대에 이르기까지 무수히 많이 망국의 한을 경험하고 해방 이후에는 남북분단이라는 세계 유일의 장애국가이다. 오죽하면 오늘날 우리나라의 국호를 큰 한이 많은 나라라는 뜻의 대한민국(大韓民國)이 된 것 아닌가 하는 생각이다. 이러한 장애의 역사를 거치면서 겪은 장애라는 모순은 국가적으로 깊은 교훈을 주었다. 우리사회는 아직도 의로운 사람이 살기 어렵고 이기적인 사람이 살기 좋은 기형적인 세상에 살아가고 있는 것도 사실이다. 이러한 풍토가 계속되는 한 장애인에 대한 인식은 발전할 수 없을 것이다.

장애인끼리의 차별

　장애인은 장애인들끼리 어울려야 한다는 말을 들은 바 있던 필자의 예를 들으며 세태가 그렇지만 간혹 장애인들 사이에서도 차별이 많이 있음을 상기할 수 있다. 서로 상대방의 장애에 대해 인식하지 못하고 장애부위나 등급이 다른 장애인들끼리 폄하하는 일이 있다. 자신보다 더 정도가 심한 중증장애인을 보면 자기가 가지고 있는 장애에 대해서 과소평가 하면서 자기가 속해 있는 단체만이 전체를 대변하는 조직체인 것으로 말하는 경우가 있는데 얼마 전 장애인단체가 장애인을 차별한다는 기사를 보면서 선뜻 내가 경험했던 사례를 떠올리며 이 또한 약육강식의 한 병폐라 생각했다. 3급 이상의 경증장애인끼리, 필자와 같이 2급 이하의 중증장애인들끼리만 어울려야 하는 분위기가 조성된다면 사회의 구성원은 물론이고 나아가 국민화합을 어렵게 하는 요인이 될 수 있다. 이렇듯 연령, 성별, 장애정도, 장애범주에 따라 필요로 하는 내용이 다르다.

　나 역시 중증장애로 인하여 직업을 구하지 못했다. 그렇게 나의 장애로 인하여 절망하기도 했고 지금도 하고 있다. 필자와 같이 지적능력이 낮은 장애인에게 지체장애인의 능력을 요구하면 차별이 될 수 있다. 그렇다고 2급 장애인이

1급 장애인을 차별하거나 무시했다는 경우는 없다. 1급과 2급은 별 차이 없기에 동등한 맥락으로 인식하고 있는 데다 그러한 식별능력조차 없거니와 정덕환 이사장님이나 본인처럼 마음 착해서 장애인들에 대한 마음이 곧 자신의 마음으로 인식하는 사람이 있기 때문이다. 이들에게 필요한 것은 일반인의 장애인에 대한 이해와 적응력을 갖게 하는 것이다. 장애 정도에 따라, 또는 이들의 개별적인 요구를 무시하는 한, 세상은 결코 달라지지 않을 것이다.

열사가 된 장애인

2008년도의 화두는 경제이다. 이명박 정부는 '국민성공시대'라는 캐치프레이즈로 선진한국 창조를 내세우고 있다. 장애인 수당이니 연금제도 역시 국가예산이 증대하면서 이루어지고 있어 사실상 장애인복지제도는 활발히 이루어지고 있는 것은 사실이다. 그러나 더 중요한 것은 장애를 가진 사람들에게 일자리를 제공하는 것은 물론, 이에 걸맞은 소득을 보장하는 것이다. 과연 연금이라고 하는 것이 장애를 가진 사람들의 생계를 얼마나 보장할 수 있을까 하는 것이다. 장애인 수당 사실 장애를 가진 사람들의 삶을 보장하기에는 턱없이 부족하다. 근로능력이나 사무능력이 거의 없는 중증장애인들에게는 복지연금으로 연명할 수밖에 없기 때문에 이들이 거리로 나와 목소리를 높이고 있는 것에 대해 관심이 요구된다. 요즘 같은 고물가시대에 현재의 수당으로 이들이 살아가기에는 턱없이 부족한 것도 사실이다. 그렇기 때문에 중증장애인들에게도 최소한의 생계를 꾸려갈 수 있는 방안이 필요하다. 유대인들은 고기를 주지 말고, 고기를 낚는 법을 가르치라고 탈무드에서 말했다. 이 정부는 복지예산을 삭감하였는데 그 예산으로 일자리를 확보하는 것이 바람직하다고 본다. 수당도 좋지만, 경제활동을 활성화시켜 사람 외에 아무것도 없는 우리나라 인적 자원을 활발하게 하는 것이 우리사회의 바람이다.

요즘 들어 부쩍 자살률이 증가하고 있다. 특히 장애인들의 자살도 상당히 늘어 심각한 사회문제로 대두되고 있다. 불과 몇 년 전만 해도 장애인이 자살했다는 소식이 전무했으나 이제는 이들이 그동안의 쌓인 불만이 증폭되어 극단적인 선택을 하고 있다는 것으로 본다. 한 예로 최저생계비로는 살아갈 수 없다며 자살한 뇌성마비 장애인 최옥란 씨 사건 이후 수많은 장애인들의 '베르테르효과(모방자살)'가 일어난 바 있는데 두 번 다시 이러한 일이 발생하지 않도록 정부와 복지단체가 관심을 기울여야 할 때이다. 그것은 수당으로만 의존하게 하는 것보다 자립성을 키워주는 게 중요하다. 결국 일반인도 마찬가지이겠지만, 장애를 가진 이들에게 최고의 복지정책은 고용창출과 소득증대를 통한 장애를 가진 사람의 권리 보장에 있다. 정덕환 이사장은 일본에 있는 장애인 직업재활시설을 방문했을 때, 놀라운 점은 고용에서 제외되는 장애인이 거의 없었다는 사실이다. 어떤 방식으로든 장애를 가진 이들에게 직업을 보장하고, 일자리를 제공하고, 그에 따른 소득보장을 장애인복지의 최대의 과제로 삼는 것이 선진복지국가로 가는 길이다. 아울러 참여정부에서 추진하던 '에이블2010'은 정권이 교체됨에 따라 현 정부가 그것을 계승하여 복지예산삭감을 일자리창출에 투자하는 것으로 전환되기를 기대해 본다.

성경 속 이야기와 현실의 시각

1989년 장애인선교교회를 설립하면서 장애인 선교사업을 추진하기 시작하면서 장애인(長愛人)으로 장애를 부정적인 눈으로 바라보기보다는 긍정적으로 바라보는 시각의 변화가 생긴 이후였다.

출애굽기에 보면 이스라엘의 지도자 모세(Moses)가 히브리 민족을 이집트에서 이끌어내라는 야훼(Yahweh) 하나님의 명령을 받는다. 모세는 여러 가지 이유를 들어서 자신이 부적격자님을 내세운다. 급기야는 "언어에 장애가 있기에……"라고 말한다. 이에 하나님은 "누가 시각장애인, 언어장애인을 만들었느냐 나 야훼가 아닌가?"라고 모세에게 반문한다. 신구약 전체에 나타난 이스라엘 사람들의 장애인에 대한 생각은 "죄"와 직결되었다. 어거스틴 등도 죄는 선의 결여, 완전하지 않은 것, 즉 불완전한 것으로 정의하였다. 이러한 생각은 구약의 정결하지 않은 것과 동일한 선상에 있다. 신약에서 예수님의 제자들은 "이 장애인은 부모의 죄 혹은 자신의 죄, 누구의 죄 때문입니까?"라고 물었다. 그러나 하나님은 "내가 장애를 만들었다"고 단언한다. 예수님은 "하나님의 일을 드러내기 위하여 장애는 만들어졌다"고 말씀했다. 절대적으로 완전하신 분이 만든 작품이 장애요, 죄와 연결지었던 세상 사람과 달리 하나님의 일(거룩함)과 장애를 연관시킨 예수님은 일관성이 있어 보인다고 했는데 그렇다면 그 의미는 무엇일까?

어느 신학자는 "장애를 하나님이 만들 리가 없다"는 발언을 했다. 그것이 선천성이냐 후천성이냐에 따라 다르겠지만 중도 즉 후천성 장애의 경우 척수암이나 루게릭병 같은 질병의 발병으로 볼 수 있어도 사고나 고문 등 자의 또는 타의에 의한 장애인으로 성장하느냐는 것이다. 하지만 나는 앞서 개재한 대로 "선천성이든 후천성이든 전생에 천인공노할 죄를 너무 많이 지어 다시 태어나면서 그 대가를 치른 것이다"라고 결론지었다. 하지만 대부분 장애를 갖고 태어난 사람들 중에는 전생의 행각을 탓하기(굳이 그것이 사실이라면)보다 자신을 이렇게 낳은 부모를 탓하는 세태이다. 그래서 "어머니 왜 나를 낳으셨나요?"라고 울부짖었던 시각장애인이자 70년대 최고인기 가수 이용복의 노랫말은 사실상 절규였다고 할 수 있다. 그러나 이 같은 애절한 노래로 한 시대를 풍미했던 인간승리의 주인공은 세인의 편견으로 인해 방송가에서 사라질 수밖에 없었다. "장님이 재수 없게 TV에 나온다"며 시청자들의 항의가 빗발치자 이후로 그는 방송가에서 사라졌다.

또 한 시대를 거쳐 80년대 '꿈에' '그대 내 맘에 들어오면'으로 유명한 소아마비가수 조덕배 씨의 경우도 위와 같은 사례로 인해 가수활동을 중단한 바 있다. 이렇듯 한 분야에서 지위를 얻은 사람에게도 집중포화를 맞았는데 그전에는 얼마나 편견과 핍박을 받았을까 생각만 해도 눈물겨울 뿐이다. 이 씨의 노래제목처럼 자신의 장애가 때로는 창피한 일로 여겨질 때도 있었다. 그럼에도 불구하고 장애를 피할 수는 없다. 장애는 바로 내 몸에 있고, 내 마음속에 있고, 누구든지 지니고 있는 것이다. 장애(障碍)를 장애(障碍)로만 인식한다면 하나님은 장애를 만들 리 없다는 주장이 설득력을 갖게 된다. 그러나 장애(障碍)가 장애(長愛)가 되면, 하나님이 장애를 만들었다는 사실은 대단히 설득력 있는 주장이 된다. 더욱 중요한 것은 성경의 가르침은 전자가 아니라 후자의 주장과 일맥상통한다는 사실이다. 독신자로서 나는 전생 따위를 믿지 않는다. 설령 태어나기 전의 일을 기억하는 사람은 아마도 아이큐가 430 정도 되는 사람일 것이다.

장애! 이는 내가 만든 것이 아니요, 내가 선택한 것이 아니다. 우연히 생긴 피할 수 없는 저주도 아니다. 하나님이 주신 것이요, 하나님이 만드신 것이요, 하나님의 일을 드러내기 위하여 주신 축복의 사건이다. 고통스럽지만, 축복의 증거이다. 이것이 성경의 가르침이다. 하나님이 주신 장애! 나는 이를 사랑한다.

나와 같이 복지수당으로만 연명할 수밖에 없는 중증 정

체장애인, 앞을 보지 못하는 시각장애인, 소리를 들을 수 없는 청각장애인, 소리를 만들 수 없는 언어장애인. 뇌성마비의 일종인 뇌병변장애인. 등이 있지만 그 이면에는 놀라운 능력의 통찰력이 있다. 장애를 가지고 살아가므로 이미 고통의 깊은 의미를 통찰한 사람이 바로 장애인이다. 나는 사회활동(형식적이지만)을 하면서 여러 장애인을 대면한 바 있다. 때문에 이 세상의 삶을 어떻게 살아가야 하는가에 대해 알 수 있었다. "무소유(無所有), 무욕(無慾), 무심(無心)"의 세계는 산에서 도를 닦는다 해도 얻을 수 없는 삶의 경지이다. 그러나 발달장애인은 이미 이 경지에 도달해 있다. 이동에 어려움이 있는 지체장애인으로 하여금 세상이 얼마나 편리해졌는가? 에스컬레이터, 엘리베이터 등 일반인들이 주로 이용하는 것이 바로 이것 아닌가? 마찬가지로 시각장애인과 청각장애인의 의사소통을 위하여 오디오와 컴퓨터를 개발하였다. 그런데 지금 이 컴퓨터를 누가 사용하고 있는가? 장애인과 노약자 등 사회약자들을 위한 배려로 사용되어야 할 엘리베이터라는 기계가 강자들의 성욕(!)을 돋우어 주기 위한 아지트로 유용하게 사용(실제로 성추행사건의 절반 이상이 엘리베이터에서 발생하고 있다는 점을 묵과할 수 없다)되고 있으며 인터넷 또한 마찬가지이다. 이와 같이 사회약자를 위한 문명의 이기가 자칫 사람 잡는 괴물로 변질되고 있다는 것이다. 사회적 약자를 위한 시설들은 사회적 강자들의 쾌락을 위한 도구로 악용되고 있다.

필자가 소사역에서 지하철을 이용하고 있는데 휠체어 장애인을 위한 리프트가 설치되어 있긴 하지만 너무 느린 데다 안전성도 의문이다. 근래 들어 휠체어 리프트에서 추락해 사망하는 복지뉴스를 통해 종종 보도되고 있다. 때문에 리프트 대신에 엘리베이터를 설치하는 게 더 효율적이라 생각하기도 한다. 그 외에도 얼마 전 시내버스를 타고 가던 중 휠체어를 탄 장애인이 승차하려 하자 기사는 저상버스를 타라며 만류했지만 버스를 타려던 승객은 저상버스가 좀처럼 오지 않는다며 어쩔 수 없이 일반버스에 탑승했다. 어떤 마음 좋은 승객들이 휠체어를 양측에서 들어주어 승하차할 수 있었지만 그 장애인의 말대로 저상버스의 배차 간격을 늘리려면 전국의 버스를 저상버스로 교체해야 하므로 그만큼의 예산을 확보해야 한다. 그러므로 장애인들은 그때까지 불편을 감수하는 수밖에 없다.

최근에 고용촉진을 통한 양극화 해소가 주된 이슈이다. 하물며 장애인 분야가 사회의 주된 문제가 되고, 정책방향이 되면서 얼마나 많은 사람들이 장애인 분야에서 직장을 갖게 되었는지를. 장애인 분야는 소모적이고, 소비적인 분야가 아니라 수많은 일반인 실업자를 근로자로 만들었는지를 알 수 있다. 장애인만을 취업하게 한 것이 아니라 비장애인을 고용의 현장으로 이끌어낸 분야가 장애인 복지, 재활분야이다. 이 땅의 가장 많은 고용률을 증진시킨 것이 장애인 분야이다. 가장 생산적인 분야가 바로 장애인 분야이다.

장애인을 언제까지 부정적으로만 볼 수는 없다. 개인적으로, 사회적으로 가장 적극적이고 생산적이고, 의미 있게 바라볼 수 있는 것이 장애(長愛) 그 자체이다. 이는 장애를 그저 좋게만 바라보려는 의도적인 노력이 아니다. 장애가 긍정적이고, 가치 있는 것임을 사회 현상에서 두드러지게 나타난 증거가 말해주고 있다. 장애인들에게도 "너는 할 수 있어"라는 긍지와 자부심을 심어줘야 한다. 신구약 전체에서 장애를 부정적으로 바라보는 사람의 생각과는 달리 하나님은 장애를 하나님의 도구로 사용하셨다. 장애인을 멀리 하려는 사람들과는 달리 하나님은 장애인과 함께하셨다. 장애인이 있는 그곳에 예수 그리스도가 계셨다. 장애인이 있는 그곳에서 선교의 역사가 일어났다.

소모적인 장애인 복지법

장애인복지법이 올바른 효과를 거두기 위해서는 장애의 조기발견과 진단, 나아가 적절한 개입이 우선되어야 한다. 이를 위한 전문가도 양성하고, 지원기관도 세워야 한다. 그 외에 사적 시장에 버려진 장애인 조기 재활 시스템이 공적인 시장 안으로 유도되도록 하여야 한다. 나아가 장애아동의 조기발견과 아울러 장애아동의 어머니, 그리고 가족에 대한 지원이 법적, 제도적으로 뒷받침되어야 한다.

그러나 현재의 법은 단지 장애의 등록만을 언급할 뿐이다. 다시 말하면 이미 굳어져 버린 장애의 등록을 그것도 장애인 보호자의 시각에서 이루어지도록 방치되고 있는 것이다. 다시 말하면 조기발견과 조기재활이 선행되지 않는 법으로 인하여 장애아동을 양육하는 부모는 순전히 자신의 노력과 의지로만 이 모든 일을 감당해야 하는 것이다. 게다가 당사자 논쟁에 있어서 장애인 부모는 법적으로 대리인이면서도 당사자에서 배제되는 위기에 놓여 있다. 장애아동 조기 발견과 재활 서비스, 장애아동 관련 서비스와 기관(클리닉, 장애아동 전담 보육시설 등)이 법적으로 인정받을 수 있어야 하며, 장애아동 재활지원센터(장애아동 가족지원센터)가 선행되어야 한다. 이렇게 장애아동 차원의 재활과 복지가 선행되지 않은 상태에서의 다른 제도나 법적 장치는 비효과적이며 비효율적이며, 소모적일 뿐이다. 장애인 복지가 다른 분야의 복지보다 우선되어야 하지만, 장애아동 복지는 장애인 복지에서도 가장 우선되어야 할 부분이기 때문에 그렇다.

세상에서 '사랑'이라는 단어처럼 아름다운 용어는 없다. 특히 기독교에서 말하는 아가페(αγαπη)로서의 사랑은 가장 약한 것을 가장 깊게 사랑하는 뜻이요, 이를 영어로 The Eternal Love(영원한 사랑)라고 표현한다. 장애는 함께해야 할 숙명적인 부분이다. 장애인은 더불어 살아가야 할, 그러나 더욱 진하게 사랑해야 할 존재를 말한다. 장애를 가진 사람은 자신의 장애를 부정하고, 경시하고, 때로는 자신의 인생을 무의미하게 여기는 것이 아니라 사랑하고, 드러내고, 이로 인하여 더욱 타인과 함께 살아갈 수 있는 조건으로 바라보는 것이다. 내가 장애인 그것도 정체장애인이라고 인정하기 시작한 것은 얼마 되지 않는다. 너무 마른체격에 어눌한 말투를 제외하면 내 자신이 왕자였다고 생각했을 정도로 완벽했다. 장애, 그것은 바로 지체 장애인이요, 지체 장애인이 장애인의 전부였다. 지체장애인 중에서도 목발을 짚은 정도가 있고 휠체어에 의지하는 정도가 있는 것처럼 그 정도에 따라 다르게 인식하는 경우가 많다.

지체장애인은 지체장애인의 문제를 가장 잘 안다. 그리고 잘 대변할 수 있다. 시각장애인도, 청각장애인, 뇌병변장애인, 정신장애인도 그러하다. 그러나 지적장애인은 그러한 위치에 설 수 없다. 누군가가 대변해 주는 이가 필요하다. 그래서 장애인 가족들이 나설 수밖에 없다. 하지만 여기에서 우리는 시각을 살짝 바꾸어서 생각해 볼 수 있다. 지체장애인이 시각장애인의 문제를 대변할 수는 없다.

사회통합(Social Integration)을 주창한다. 이는 장애인과 비장애인과의 통합을 말한다. 그러나 그 이전에 다양한 범주의 장애인 간의 통합은 어떠한 위치에 있는가? 작금의 현실은 장애인 범주 간에는 통합보다는 균열이 더 심각하게 존재하는 것이 현실이다. 장애인들의 사고방식 안에서 특정한 장애의 틀이 무너지는 경험이 필요하다. 만일 내가 경험하는 장애에만 고착되어 형성된 장애관념이 있다면, 그것은 또 하나의 변화되어야 할 장애의식이 될 수 있다. 그것은 또 하나의 편견이 될 수 있다. 장애인 모두가 자기 목소리를 낼 수 없는 지적장애인을 대변하고, 지적장애인의 가족과 함께 하나가 되어 통합된 목소리를 낼 수 있다면, 이것이 장애인의 힘이 될 것이다.

장애인들 간에 벽이 존재하지 않기를 바란다. 그러나 현실곳곳에는 여전히 그러한 벽이 현존하고 있다. 우리 안에 있는 벽이 허물어지고, 비장애인과 장애인 사이의 편견이 사라지는 것이 바로 장애인들이 원하는 통합된 사회인 것이다. 박현주 前미래에셋 대표는 향 후 30년간은 전 세계적으로 극심한 불황이 계속될 것이라고 한다. 현재 장애인 등록자 수는 800만 명으로 연금으로만 연명하는 중증장애인 수도 60%에 달한다고 한다. 그중에는 장애등급을 부풀려 연금만 받아먹고 사는 경증장애인도 많다는 것이다. 이와 같이 경증장애인들의 횡포(!)로 인해 나와 같은 중증장애인들은 더욱 사회로부터 소외될 수밖에 없을 것이다. 이것이 단지 장애인 당사자 간의 문제만은 아닐 것이다.

얼마 전 방송프로에서 나처럼 정신지체2급 장애인에게 사례도 하지 않고 농사일을 시키는 등 노예로 부려먹다 발견된 사실이 알려졌다. 힘들다고 받아주지 않으면서 그보다 더 힘든 일을 시킨 것이다. 그 피해자는 묵묵히 성실하게 일했으나 주인부부는 장애아를 조롱하고 더 가혹하게 대한 것이다. 그럼에도 주인은 오히려 "기껏 먹여주고 재워주었더니……."라며 불만을 토로하는 뻔뻔함을 보였다. 헛간이나 음식은 남이 먹다 버린 쓰레기를 주는 등 제공한 숙식은 열악하기 그지없었다. 지난 4월 장애인차별금지법이 제공된 이후에도 사회는 여전히 장애인들이 부당한 대우를 받고 있는 현장이었다. 그런데 가해자 측은 먹여주고 재워주었으므로 차별이 아니라며 큰소리치는 모습이 방송에 나갔으며 이 프로를 본 시청자들은 과연 이들에게 분노했을까!

정답은 '노(NO)'였다. 비난의 화살이 주인에게 집중된 것이 아닌 장애인에게 쏠린 것이다. 외부 고발자에 의해서가 아닌 방송에 나간 주인의 말을 더 신뢰했기 때문에 대부분 장애인에게 비난이 쏠린 것이다. 판단력이 없는 장애인보다 마치 사실인 듯 항의하는 주인에게 동정이 갈 수밖에 없었다. 이것이 장애국가에서 살아가는 장애국민들의 사고방식이라고 볼 수밖에 없는 장애사회의 슬픈 자화상이다.

최고의 장애인 복지사는 '가족'

　장애를 가진 사람이라면 자신의 처한 상황을 인정할 수 밖에 없는 사실이 있다. 그렇지만 장애인으로 사회에서 당당하게 살아가기 위해서는 자신의 강한 의지 이상으로 자신을 돕는 버팀목이자 후원자가 한 사람 이상은 있다. 그 사람은 가족이 될 수도 있고 혹은 특정인, 단체에서 활동하는 지인이거나 신앙을 가지고 있는 사람들은 자신이 믿는 신이나 그것도 아니면 자신만을 의지하고 살아가는 사람일 것이다. 이 모든 것이 재활과 자립의 중요한 요소이긴 하지만 무엇보다 소중한 건 '가족'이다.

　그중의 한 사람이 바로 '어머니'이다. 그 어떤 어머니보다 장애인 자녀를 가진 어머니는 더 이상의 수식어가 필요 없는 존재이다. 장애를 가진 몸으로도 자신감을 심어주고 헌신적으로 키워 세상에 나설 수 있게 하는 어머니는 최고의 재활전문의이시다. 마라톤 배형진 씨, 수영 선수 김진호 씨 모두 어머니의 헌신적인 성원과 뒷받침이 있었기에 성장할 수 있었던 것이다.

　그 다음은 장애인과 결혼한 '배우자'이다. 장애를 가진 이성과 함께 순간도 아니고 일생을 함께 살아보고자 하는 결의에 찬 실천. 이것이 결혼이자 장애인과 비장애인 간의 소통이다. 그럼에도 실상은 장애인을 돕고 원조하겠다고 나선 수많은 자원봉사자, 전문가들 중에는 선뜻 장애인과 결혼하겠다고 하는 사람을 찾아보기 어렵다. 한 지체장애인 목사가 쓴 "신부가 바보"라는 책의 내용을 보면 주인공들은 장애인과 결혼한 배우자들은 한결같이 똑같은 고백을 한다. "장애인과 결혼한 것이 아니라 그 사람과 결혼하였다"고. 사람이 먼저였고, 장애가 나중이었다.

배우자의 마음과 의지를 꿰뚫어보지 못하면 결혼생활은 결코 성공할 수 없다. 가족들에게만 의지할 수밖에 없는 중증장애인에게 "나 죽으면 어떻게 살래"라던가 "나 죽으면 너도 같이 죽자"와 같이 저주스러운 말보다는 "좋은 배우자 만나 내 빈자리를 채워다오"라고 해주는 것이 가족의 사랑이다. 아마도 장애인이 결혼하기란 하늘의 별따기보다 어렵기에 그렇게 말할 수밖에 없는 것인지도 모른다. 하지만 결혼은 조건을 따지기보다 그 사람의 마음을 보는 것이 중요하다.

내가 출석하고 있는 교회목사님도 장모님의 반대가 극심했다고 한다. 10년 전의 일로 당시 정상인들의 표현대로 목사님은 '팔 병신'이었다. 하지만 지금의 아내는 스스로 목사님의 팔이 되어드리겠다는 말이 서로를 연결할 수 있게 해 준 것이다. 이것은 긍정의 힘이자 하나님의 은혜였던 것이다. 이처럼 살아가는 데 있어 서로 의지하고 이해하는 것만이 '두레' 정신의 미풍양속이 될 수 있다.

장애인에게 있어 또 하나의 후원자는 '친구'이다.

나에게도 친구가 있다. 한때 그 친구를 원망하기도 하고 거부하고 싶을 때도 있었지만 5대째 사귀어 온 보이지 않는 친구를 잊는다는 것은 여간 힘겨운 일이 아닐 수 없었다. 그분은 바로 하나님이시다. 사실 나는 내성적인 데다 소심한 성격 탓에 학창시절 친구는 거의 사귀지 않은 왕따였다. 그렇지만 나만의 베스트 프렌드인 하나님을 의지해왔기 때문에 전혀 외로움을 느끼지 못했다. 장애인이 된 이후 하나님을 접한 사람들도 그렇고 하나님을 의지 하면서 장애를 극복하게 하는 하나님이야말로 이 시대 최고의 장애인복지사이다. 하나님은 감당할 수 있는 시련을 주신다고 했다. 전생에 죄가 많아서 운운하는 것은 자기 비하가 될 수 있고 마냥 신세를 한탄하고 평생 자신을 증오하며 살아갈 수밖에 없게 된다. 그것은 자신이 자신을 편견하는 것이라고 볼 수 있다. 주변의 자수성가한 장애인들을 보면 결코 그렇지 않다는 것을 본다.

최근에 장애인 복지 분야에서 많은 종사자를 본다. 장애인의 재활을 돕기 위해서 일하고 있는 수많은 사역자들. 어떻게 보면 장애인으로 인하여 비장애인의 고용이 엄청나게 창출되었다고 생각한다. 나는 그들이 장애인들의 친구가 되기를 바란다. 재활전문가, 특수교사, 복지전문가 이전에 나를 헌신적으로 도왔던 나의 친구처럼 장애인을 누구보다 사랑하는 친구가 되기를 바란다. 장애인을 사랑하는 마음…….

성경 고린도전서 13장에 "사랑이 없으면 아무것도 아니요……."라고 말한다. 먼저 사람이 있고, 그 다음에 헌신적인 사랑이 있고, 그 다음에 전문성이 있고…… 이렇게 관계가 이루어지면 좋은 세상이 될 것이다. 장애를 가진 나 자신보다 더 적극적으로 베풀고 관심을 갖는다면 진정한 사랑이라 볼 수 있다. 그렇다고 해서 장애인들에게 세상 살아가는 법보다 국가에서 나오는 연금을 받는 방법만 가르친다고 장애인을 대하는 것은 잘못된 생각이다. 이것은 내가 경험해 봐서 알고 있다.

덮어놓고 상 위에서 주는 것만 받아먹게 하는 것보다 장애인 복지, 장애인들이 살아가야 할 세상을 경영논리로 적용해서 이 분야가 생산적인 분야가 되기 위해서는 고용제도가 보장되어야 한다. 그러므로 선진국에 가서 장애인 관련 기관을 돌아보고, 관련 업체를 돌아보면서 외화를 사용하는 일들이 우리나라에서도 일어나야 한다. 수많은 복지단체들이 한국의 장애인복지시설과 관련 재활산업현장을 돌아보고 투자하는 일을 멈추지 말아야 한다. 동남아, 아프리카, 남아프리카 등 우리나라보다 어려운 나라들에게 대한민국이 재활산업의 메카가 될 수 있어야 한다. 이러한 비전을 갖고 나아가야만 우리나라의 장애인들이 수혜자가 아니라 소비자로서의 권리를 누릴 수 있을 것이다. 동시에 장애인 복지, 교육, 현장에 있는 운동단체, 전문가, 그리고 여러 기관들도 획일적인 논쟁보다는 다양하고도 포괄적인 논쟁의 장을 만들기 원한다. 따라서 장애인의 선택권을 확대하고, 장애인이 주체로서 살아갈 수 있는 여건을 조성할 수 있어야 한다.

나는 에덴복지재단에서 실습받기 전에도 소규모 업체에서 직업훈련을 받은 바 있었고 당시 집사님께서 한 분 계셨는데 어찌나 신체적 결함을 조롱하는지 그때 차라리 탈락한 게 잘되었다고 생각할 정도였다. 그분은 내가 이러는 것은 태어나서부터 그래온 것이라고 하자 애꿎은 어머니까지 모욕하는 것이었다. 그때는 정말이지 살인을 하고 싶을 정도로 부아가 치밀었다. 나를 모욕하는 건 참을 수 있어도 어머니를 모욕하는 건 누구를 막론하고 용서할 수 없었다. 오해의 소지가 있을 수 있겠지만 당시 직업훈련과정에서 탈락한 이유는 전공과 적성, 내가 할 수 있는 일과 거리가 멀었기 때문이다.

장애인을 향한 세인들은 종종 그러는 경우가 있다. "부모가 오죽 못났으면……." 하는 식으로 자녀의 장애를 부모 탓으로 돌리는 사례가 대부분이다. 이 또한 사회병리현상으로만 여길 수도 없다고 본다. 장애아를 둔 부모가 이들을 키우는 육아법이 도서로 출간되기도 한다. 따라서 장애인 당사자보다는 이들을 낳고도 훌륭하게 키워내고 있는 부모님의 존재는 이제 죄인취급을 받아야 할 존재가 아닌 공경해야 할 대상이다. 이 같은 현상이 계속되면 훗날 장애를 가지고 태어난 자녀들은 부모를 원망하거나 배척하게 될 수 있기 때문이다. 그러나 장애인들이 일반인에 비해 부모님을 공경하는 통계를 본 바 있다. 대개 후천성 중도 장애인이 아닌 선천성 장애인에 대한 인식은 후진국수준도 되지 못하고 있다. 장애를 장애로만 보지 말고 자립할 수 있도록 자부심을 심어주어야 한다.

정신지체는 주로 선천적인 경우라고 볼 수 있지만 중도에 발병하기도 한다. 물론 구석기시대에서 IMF 때만 해도 정신지체는 대부분 선천성 장애였다. 내가 해냄공동체 봉사활동(쪽팔려서 봉사활동으로 조작한 것이지 당시 신학대 선배목사님이 나를 수용하려 했던 것이었다)을 하던 3년 전 유일하게 정상적으로 활동하는 한 중년이 있었다. 그는 10년 전만 하더라도 잘나가던 대기업 CEO였지만 IMF라는 희대의 경제난으로 인해 구조조정이라는 마수에 걸려들었다. 결국 하버드대 유학까지 수료한 큰아들은 심한 충격으로 생후 6개월짜리 아이 수준의 지능이 떨어졌다. 그는 공동체시설에서 아버지와 함께 생활하고 있었다.

그 중년은 슬하에 두 아들이 있으며 작은 아들은 다행히 정신적 충격을 받지 않았다고 한다. 결론적으로 최종적인 장애 원인은 부모의 탓이나 자신의 부재가 아닌 사회체계가 장애인들을 육성하는 셈이다.

그렇게 이들은 공동체시설에 새 둥지를 틀고 열심히 살아가고 있다. 컨테이너와 판자를 개조하여 연결해 지어진 해남공동체는 관할지역의 재활용품을 분리수거해 그것을 되팔아 생활하고 있는 장애인공동체시설로 에덴복지재단과 자매결연을 맺기도 했다. 그들을 보면서 함께 생활해 보려 했지만 나를 대하는 원장님의 태도가 못마땅하여 중도 하차했다. 여하튼 IMF로 밑바닥으로 전락했던 한 중년의 사례를 보면서 오늘의 대한민국이 있게 한 주역을 토사구팽하는 현실을 보면서 역시 장애사회의 한 단면이었다고 생각한 것이다. 하물며 까마귀조차도 은혜를 안다고 했다. 우리사회는 이들을 유효기간이 지났다고 폐기처분하여 이후로 존재를 외면한다면 이 사회는 까마귀만도 못한 사회라고밖에 달리 표현할 수밖에 없을 것이다.

제5장

에덴 21세기 글로벌 과제

에덴 21세기 글로벌 전략

정 이사장은 장애인 국제네트워크 사업으로 러시아, 중국 등 동아시아를 비롯하여 세계 각국의 장애인복지시스템을 마련하기 위해 회갑을 기념하여 저서 <에덴－글로벌 과제 집>을 내었다. 이를 위해 재단은 시세를 확장하여 어린이 집, 재활센터를 마련하고 국제적으로 장애인복지에 대한 네 트워크를 구축하려는 취지 아래 <에덴－글로벌전략>이라 는 저서를 회갑을 기념해 발간하였다. 나아가 북녘의 장애 인 동포들과도 함께할 수 있는 다양한 비전을 제시하고 있 다. 직업재활의 기술을 전파하기 위해 유엔에스캅, 국제노 동기구 등과 협의하고 '글로벌 기업'으로 육성한다는 계획 이다. 60회 생신을 맞은 그는 출판 기념회 겸 회갑연을 열 었다. 동시에 정 이사장의 자서전을 출간할 예정이었으나 출판사의 승인을 받지 못해 2년 동안 보류되었다. 에덴 글 로벌 전략 과제집 출판기념회에는 정화원 의원을 비롯하여 김학수 유엔에스 캅 사무총장 등 지인들이 참석하여 자리 를 빛내주었다. 정덕환 이사장의 어머니와 함께 케이크를 자르고 휠체어를 태워 기념사진을 나란히 찍었다. 팔순을 넘긴 연세에도 정정한 모습에 지인들은 훌륭한 아드님을 두었다며 답례를 하였다. 이순덕 목사도 한복을 차려 입고

케이크를 자르는 모습을 지켜보았다. 간만에 가족이 한자리에 모이자 눈시울이 붉어지기도 했다. 유도선수 시절보다 지금 이 자리가 더 영광이라며 지난날을 회고하는 시간을 가졌다. 스크린을 통해 유도선수 시절에서 오늘에 이르기까지 영상을 다큐형식으로 소개되었다. 과제집은 탤런트이자 에덴 홍보대사인 사미자, 이순재 씨를 비롯한 지인들이 번갈아 집필했다. 에덴(Eden)은 평화와 사랑의 동산, 삶이 보장된 복지의 공동체라는 뜻으로 해석되나 사실상 어원은 황무지이다.

다시 시작해야겠다는 불굴의 의지로 지금까지 불모의 에덴에서 희망의 에덴으로 만들었지만, 세계적으로 장애인 고용과 복지를 선도하는 에덴으로 발돋움하기 위해 'EDEN'의 새로운 개념을 만들었다. 장애인들도 일반인과 똑같이 해낼 수 있다는 의지로 일반인도 해내기 어려운 성공을 거두고 이제는 동아시아를 비롯한 개발도상국들의 장애인들과도 복지개선을 위해 이바지하려는 그의 저서 <에덴 21세기 글로벌 전략> 과제집에 담긴 내용처럼 자신만이 아닌 남을 위해 일하려는 의지와 함께 국제화 시대에 걸맞게 복지네트워크를 구축하려는 목적이기도 하다. 이 저서 외에도 자신의 60년 생애를 돌아보기 위해 자서전을 낼 예정으로 그것은 필자의 청탁을 하여 대필 중에 있다. 손을 자유자재로 움직일 수 있기에 별다른 도움 없이 집필이 가능하였다. 이 책에서는 1만여 명에게 직업의 기회를 주는 사회적 기업으로 육성하겠다는 비전이 제시되어 있으며 이것은 혼자만의 힘으로는 불가능할 것이다. 글로벌 과제집을 발간토록 지원과 용기를 주신 분들과 힘을 합치고, "일을 통한 복지실현"이라는 점에서 합의가 있다면 가능할 것으로 믿는다.

과제집 출간에 맞춰 자서전을 동시에 출간하려 했으나 출판사의 승인을 받지 못해 2년이 지난 지금까지 원고를 투고 중에 있다. 장애인들은 멸시의 대상도 아니고 동정의 대상도 아닌 운명의 공동체이다. 비록 중증장애인이어도 예배시간에는 '아멘……' '할렐루야……' 등을 곧잘 따라한다. 이제는 자국 내의 장애인뿐 아니라 우리보다 생활수준이 낮은 저개발 국가들의 복지문제에 관여하기 시작했다. 소득수준이 높다고 선진국이라고 할 수 없듯이 선진국 국민일수록 사회 소외계층의 관심과 베푸는 마음가짐이 아니라 의식수준을 선진국가라 볼 수 있는 길이 되리라 본다.

에이블2010

문명과 산업의 발달로 산업재해, 교통사고, 환경오염으로 인한 장애자의 숫자가 기하급수적으로 증가하고 있다. 장애인들이 모여서 생존을 위한 최소의 요구 사항을 외치고 있지만 정책적으로 반영되지 않고 있는 실정이다. 이러한 현상은 사회가 그들을 노동력 상실에 따른 무가치한 존재 또는 부담스러운 존재로 보고 있기 때문이다. 장애를 가진 사람을 무조건적인 편견이나 부정적인 인식을 갖고 대하는 것이야말로 우리사회 장애인 문제의 가장 큰 걸림돌이다. 에이블2010은 복지부가 추진하고 있는 장애인 일자리 10만 개 창출을 위한 프로젝트로 오는 2010년까지 장애인 10만 명에게 일자리를 제공한다는 정책으로 이 정책에 대해 대한 은퇴자협회에서는 의문을 제기하기도 했다. 일종의 "사회서비스영역의 일자리"라는 형태의 일자리가 경제 발전이나 지속적으로 고용이 될 수 있는 직종인지 하면서 입을 모으고 있다. 자격증 소지자나 박사 이상의 고학력자 등 정상인들도 취업하기 어려운 현실인 데다 고유가와 밀려오는 중국산으로 인해 국산품이 설 자리가 없다는 현실이 난관이라는 지적이다. 물론 정반대의 전망도 나오고 있지만 이것은 앞으로 헤쳐 나가야 할 중대한 사안이기도 하다. 그렇

게 이 정책을 검토한다는 취지로 협력기업들과 공조하고
있다. 결코 장애재활원들이 정부나 사회의 무조건적 자금지
원을 바라는 것은 아니다. 정부에서도 직업 재활에 대한 복
지정책을 구체적으로 만들어 혜택을 줄 수 있었으면 한다.

사회적 기업으로의 성장을 위해 재활시설을 갖추고 회사
를 운영하는 사업주는 장애인을 고용하면서 운영의 어려움
이 있기 때문에 장애인들의 자립 재활을 할 수 있도록 정
부차원에서 정책적 제도 도입을 통한 장애인 근로시설과
일반 근로시설을 갖춘 회사와 차등을 주어 저렴한 가격으
로 원자재 구입을 할 수 있도록 해 주었으면 하는 것이 목
표이다. 장애인은 왜 늘 수혜만 받아야 하는가, 장애인도
일할 권리가 있고 생산 능력이 있다. 그러므로 2급 이하의
중증장애인들에게도 그들의 환경과 여건에 맞는 일거리를
제공해 준다면 충분히 재활을 통해 자립할 수 있고 중증장
애인들에게 무엇이든 할 수 있다는 확신을 심어주고 자립
할 수 있도록 직업재활의 정착을 위해 투자와 지원이 활성
화되어야 한다. 에덴복지재단은 서울방송에 소개되어 간만
에 체육관을 방문한 정 이사장은 유도연습 중인 후배들을
보면서 잠시 회상에 잠기기도 했다.

"나도 한때 이러한 시절이 있었지……."

35년 전 그의 목뼈를 부러뜨린 원한(!)의 매트 위를 오르
며 그때나 지금이나 매트 위는 탄력이 있었다. 지금 그 시

절로 되돌아가고 싶으냐고 물으면 그는 현재 하고 있는 일에 만족하고 돌아가고 싶지 않다고 생각한다. 남을 도울 수 있다는 것에 대해 삶의 보람을 느꼈고 인생의 가치를 느낄 수 있었다. 이제는 미련 없이 떠나보낸 유도복과 우승트로피이지만 그때를 회고하면 아름다운 추억이었다.

목사이자 정 이사장의 사모인 이순덕 관장은 정 이사장과 함께 장애인복지에 이바지하고자 구로구립장애인복지관을 운영하면서 부부 복지사로서 자리매김하고 있다. 배고픈 사람만이 배고픈 자의 고통을 안다고 했듯이 몸이 멀쩡할 때는 장애인들의 힘든 삶을 몰랐었다고 회고하는 그를 보면서 꼭 그렇지만은 않다고 생각한다. 조금만 배가 고파도 힘이 드는데 나보다 못한 사람들은 얼마나 힘이 들까 하는 생각을 가지고 있는 사람도 드물지만 존재하리라고 본다. 진정한 복지란 나보다 못한 사람들을 '나'와 동등한 위치에 올려놓는 더불어 잘사는 복지사회가 되는 것이다. 그것은 '평등'과는 다른 개념이라 할 수 있다. 은평, 구로구립복지관에서는 재가 장애인들을 위한 홈헬퍼 및 서포터 지원, 보건의료지원, 문화여가지원, 또 장애아들을 위한 언어치료, 심리치료, 물리치료, 작업치료, 방과 후 교실, 조기특수교육 등의 어린이들을 위한 사업. 여기에 취업을 원하는 장애성인들을 위한 취업 알선 프로그램 운영, 여성장애인 공동작업장 운영, 특수학교를 졸업하고 사회에 진출하기 위한 장애인들을 위한 직업적응훈련 등의 장애인들을 위한 성인 프로그램과 더불어 에덴복지관의 설립목적인 장애인과 비장애인들의 사회통합에 기여하기 위해 다양한 비장애인 대상 프로그램을 운영하고 있다.

그 외에도 애니메이션 센터 등 다양한 직종이 있다. 구립복지관에 근무하는 박봉임에도 장애인들을 위해 헌신하는 28명의 사회복지사들이 봉사정신으로 활동하고 있다. 구로구립장애인복지관 외에도 은평구립 복지관을 비롯하여 서울에만 33개의 기관이 각 구마다 자리를 잡고 있다. 장애인선교교회라는 이름으로 자리잡고 있는 복지관은 몇 명의 전도사를 두고 있으며 선교사역의 임무를 담당하기도 한다.

우리나라의 장애아동을 위한 재활시스템은 전국에 63개 특수유치원의 65개 특수학급, 일반유치원을 이용하고 있는 416명의 장애아동들, 약 70여 개 장애아전담보육시설을 이용하는 2,000여 명의 장애아동들과 일반보육시설을 이용하는 약 800여 명의 장애아동들, 이 외에는 장애인복지관의 치료교육실과 조기교실, 그리고 사설기관을 이용하고 있다. 이들은 법체계, 확보된 인력체계, 경제적 부담이나 서비스의 질도 검증되지 않은 상태에서 이루어지고 있고, 장애아동 가족들은 이러한 서비스를 선택권 없이 이용하고 있다.

나는 종종 장애인을 이렇게 부른다. 장애라는 뜻은 장애(將愛), 즉 '장래 애국자'라고 표현하지만 우리는 장애인들은 일반인 범죄자보다 더 혐오스러운 존재라고 생각하는 풍조가 만연하기 때문에 선진국이 될 수 없는 것이다. 네로, 히틀러, 스탈린, 김일성 등 과거 권위주의 통치자들은 장애인들을 가장 먼저 숙청하였다. 고대 초강대국 로마의 황제 네로는 국가의 명성에 걸맞지 않게 악인으로 유명하다. 굶주린 사자를 풀어 국민을 잡아먹게 하고 시내에 불은 내 시를 지었다는 실화는 너무도 유명하다. 겉으로 드러나 보이는 장애보다 내면상의 정신적인 장애를 갖고 있는 사람이 역사적으로 많다. 오늘날에는 상당히 개선되었기는 해도 사회적인 입장에서 본다면 갈 길이 멀다.

함께한다고 하여 차별이 없는 것이 아니다. 함께 있지만 그를 소외시키면 그것이 진짜 차별이다. 물론 함께하는 것조차 거부하려는 사람도 존재하지만, 함께한다는 것만으로 차별을 하지 않는다고 하는 것은 겉으로만 생각했기 때문이다. 우리나라의 장애인 복지와 특수교육의 역사는 종종 일본 것 베끼기, 미국 것 답습하는 것으로 일관해 왔다. 그러나 고려시대로부터 거슬러 올라가면 우리만의 독자적인 장애인 복지의 흔적들이 있음을 발견할 수 있다. 그 사상은 '가장 약한 사람 최고로 사랑하기'에 기초해 있음을 알 수 있다. 개화기에 들어온 선교사들은 기독교를 전파하기 위해서 조선 땅에 왔다. 그러나 그들은 장애인 분야에서만큼은 '있는 그대로의 인간을 존중하고 사랑하는 일'에 헌신했다.

장애인 복지네트워크

2006년 2월 6일 일산 한국국제전시장에서 <에덴-21세기 글로벌전략>출판 기념회가 열렸다. 이날에 맞추어 정덕환 이사장의 회갑연이 열렸다. 본인은 원하지 않았지만 출판 기념회 겸 토론회 형식으로 열렸다. 삶이라는 것은 아무리 어려워도 헤쳐 나갈 방법은 반드시 생기게 되어 있고, 그 시점에 일어서느냐 아니냐의 중요한 기로에 서게 되는 것 같다. 아무리 힘이 들어도 좌절할 필요는 없다. 돌아가신 한경직 목사님과 박영준 국장과 당시 김성순 보건사회부 국장 등 어려운 시기에 도움을 주신 분들을 잊을 수가 없다. 그러나 그는 아직도 후회하고 있는 것이 있다.

"몸이 멀쩡할 때는 왜! 남을 위한 일을 해야 한다는 생각을 못했는가……. 장애를 가진 몸으로도 남을 위해서 이렇게 열정적으로 살아갈 수 있는데 그때는 왜 남을 위해 살아야 한다는 생각을 못했을까!"

그는 그렇게 속마음을 털어놓았다. 이것은 자신과 같은 장애인이 아닌 정상인도 남의일 같지 않다는 생각으로 장애인을 위해 일해야겠다는 마음가짐이었다. 2006년 한 해는 저서 <에덴-21세기 글로벌전략> 출판을 비롯하여 11월 "에덴복지타운건립을 위한 후원의 밤" 행사에 이르기까지 에덴복지재단에 있어 바쁜 한 해였다. 출판기념회에 이어 2006년 4월 19일 서울 효창동 백범기념관에서 중증장애인들의 재활을 돕기 위한 포럼을 개최하였다. 정부가 장애인들의 일자리 창출을 위해 추진 중인 '에이블2010프로젝트'를 집중 검토하고 장애 유형 및 정도에 따른 일자리 창출 방안을 제시하였고 5월 19일 서울 백범기념관에서 '중증장애인의 생산적 복지'를 주제로 포럼을 열었고 첫 연설은 서영훈 전 적십자사 총재의 소개로 시작되었다. 국민의 정부 당시 대표를 역임했던 서영훈 전 총재는 "에덴과 함께 하는 사람들"이라는 복지단체에서 활동하면서 각종 복지시설을 후원하고 있다.

후원의 밤 행사 때 정덕환 이사장과 홍보단에서 집필한 <에덴글로벌 전략>이 판매되었고 1만 원에 판매된 이 책은 여러 부수가 출간되었다. 국민의 정부 대표와 적십자사 총재를 지낸 서영훈 장로와 홍보대사로 활동 중인 탤런트 사미자 씨 등 공동집필로 발행된 이 책과 동시에 정 이사장님의 자서전을 회갑에 맞춰 출간하기 위해 필자가 직업 훈련을 받기 전 신문기자라는 이력을 보면서 자료를 보면서 집필해 보라며 권유받고 그것을 출간할 예정이었으나 인터넷신문사 측의 등록 거부로 지체되었다. 그 후로도 3년 가까이 출판사를 전전하기도 했지만 본사 성격에 맞지 않다는 이유로 승인받지 못했다. 어찌 되었던 이렇게 성공한 장애인복지의 현장을 보면서 희망을 보았고 장애인차별금지법이 통과되면서 이것이 좀 더 효율적으로 방향을 잡아 더 이상 장애인들이 살기 어려운 나라가 아닌 장애인들이 살기 좋은 나라로 부상하리라는 기대를 해 본다. 이것은 약자이기 때문에 그 단 한 가지 이유만으로 겪어야 했던 불이익이었다.

전공분야는 다르지만 서로가 후원하고 하나가 되면서 "에덴과 함께하는 사람들"이라는 공동체를 결성하기도 했다. 연 매출 목표액을 넘는 에덴복지재단도 최근 해결해야 할 과제가 남아 있다. 값싼 중국산에 밀려 구매량이 줄고 있는 현실을 감안해서 국산품 애용을 적극 호소하고 있다. 이것은 국산품 애용과 함께 중국경기가 둔화되면 목표를 달성할 수 있을 것이라며 한목소리를 내었다. 에덴은 쓰레기봉투 제작, 납품(생산직) 외에도, 애니메이션, 동영상 편집, 재단홍보, 설계, 조리사, 직업치료사, 물리치료사, 계간지 작성, 어린이집 교사, 웹관리자, 사감, 사무간사, 찬양단, 인형극, 교역자, 매점관리(이상 사무직) 등 다양한 직종을 제공하였다.

필자가 이사장님으로부터 원고청탁을 받았을 때 이사장님 본인도 에덴글로벌전략이라는 저서를 집필 중이었다. 책 출간에 맞추어 정 이사장의 전기도 공동으로 출간하려는 목적이었다. 그렇지만 그것을 정식직원으로 채용하려 했던 기사를 모아 책도 내자고 했던 인터넷신문에서 채택하지 않아 지체되었다. 이후로 원고는 그대로 저장 상태로 남아 있었으나 전기 공급이 끊기거나 여러 사정으로 인해 이전의 작성 글이 모두 날아가 버려 새로 재작성하고 있다. 내가 실습받던 생산직원들은 비크리스천이었고 사무직원들은 크리스천으로 구분되어 있었지만 에덴에서는 주님안의 한 가족들이었다. 오전 9시 근무가 시작되기 전에 이순덕 목사의 예배로 시작되는데 교회이름은 따로 없었고 장애인 선교회라는 간판으로 운영되고 있는 예배당에서 1시간가량 예배시간이 주어진다. 크리스천이 아님에도 생산직원들은 목사님의 설교와 기도에 따라 "아멘" "할렐루야"를 줄곧 따라한다. "전신마비의 장애를 극복하고 오늘 우리사회에 귀감이 되며 지표가 되는 정덕환 이사장의 삶과 철학, 그리고 재활복지의 업적을 높이 치하한다." 중증장애인 작업시설인 에덴의 모형은 이미 우리나라를 넘어서 베트남, 태국 등 개발도상국들뿐만 아니라 영국, 스웨덴 등 이미 장애복지가 앞선 선진국에서까지 자국의 직업재활모형으로 도입하고자 하는 것을 볼 수 있다. 아울러 중증장애인들의 인권을 보장하며 일을 통하여 소득을 보장해 주는 평소의 철학과 소신이 우리 모두에게 아껴지고 공유되기를 기원한다.

11월 9일에는 에덴복지타운 건립을 위한 후원의 밤 행사가 김포공항 옛 국제선 청사였던 스카이라운지에서 열렸고 필자도 그 행사에 참석했고 그곳에는 교통사고로 하반신마비가 된 클론의 강원래도 참석했다. 내 앞에 앉아 있었다.

행사에 이어 가수들의 공연도 열렸다. 파주에 3만여 평 규모로 2008년 새 정부가 출범하고 베이징올림픽이 개최되고 우리나라에서 우주선 발사하는 그해 공사를 시작하여 2016년까지 완공할 예정인 에덴복지타운은 우리나라가 복지선진국가로 발돋움하는 시설이 될 것으로 확신한다고 주님의 이름으로 간절히 기도드리옵나이다. 손범수 아나운서의 진행으로 시작된 행사는 보건복지부장관 축사에 이어 국내 최초 시각장애인 국회의원 정화원(한나라당 비례대표) 의원이 단상에 올라 연설했다. 그 외에도 간만에 재단의 직원들과 만나기도 했으며 사무간사 한 명과 필자와 같이 쓰레기봉투를 제작하던 생산직원 몇 명이 나비넥타이를 매고 있었다. 그러나 그 인원은 한정되어 생산직원들은 일부만 참석하였다. 우선 서영훈 적십자사 총재의 축사로 행사가 시작되었다.

"이제 장애인도 당당히 세금 내는 사회인으로 살아갈 수 있는 여건을 조성한 정덕환 이사장의 노고를 치하한다."

정화원 국회의원은 한 정신지체 장애인이 재단을 나오면서 싱글벙글하는 모습이 흐뭇했으며 월급명세서에는 120만 원이 적혀 있었다며 축하연설을 하였다. 연봉 2,800만 원을 받는 직원도 있으며 이것은 각자의 능력에 따라 다르다고 한다. 중산층에 가까운 연봉을 받으며 더 이상 장애인들은 사회적 약자가 아니라는 것을 입증한 셈이다. 더 이상 오를 곳도 없던 최정상의 국가대표선수였던 만큼 인생의 전부였던 유도로 승승장구하던 시절에는 장애인의 아픔을 몰랐다는 그에게 지금까지의 시련은 소외된 사람들에게 눈을 돌리라는 하나님의 계시였다고 말하는 정 이사장은 연설문을 통해 현재 150여 명인 장애인직원도 1만여 명으로 확충하기 위해 에덴타운 건립과 글로벌 과제집을 통해 실현하고 있다. 장애인도 할 수 있다는 가르침을 준 정덕환 이사장은 필자를 비롯한 이 땅의 모든 장애인들에게 있어 참스승이다. 이것은 나 아닌 모든 이들과 함께하려는 의지이다.

이 중 나는 생산직이었으나 주어진 달란트를 통해 이사장님의 자서전 집필청탁을 통하여 내가 문서사역으로의 직분을 감당케 하신 것이다. 정덕환 이사장은 본관에 숙소를 마련하여 직원들과 함께 숙식을 하면서 동고동락하고 있다. 이렇듯 하나님은 화려한 예배당과 편안한 책상에만 존재하신 것이 아닌 기계소리와 더불어 우리경제의 산실인 생산현장에서도 함께하고 계셨다. 이렇듯 정신지체 장애인이건 발달장애인이건 사람의 말을 알아듣는 모습을 보면서 이들의 정신력이 얼만한가를 깨달을 수 있었다. 노래방기기로 울리는 테크노사운드 뮤직으로 경쾌하게 흘러나오는 찬양에 흥에 겨워 박수를 치면서 찬양을 부르는 모습에 하나가

된다. 주 설교자인 이순덕 목사님은 일산에서 따로 사역을 하고 있으며 복지관장을 맡는 등 사회복지분야에서 다방면으로 활동을 하고 있다. 2008년부터 공사에 들어가는 에덴타운 건설에 제휴사들이 협조를 약속하고 지원활동에 나섰다. 장애인은 인간의 존엄과 가치를 가지며 행복을 추구할 권리를 가진다. 장애인은 건전한 사회 구성원으로 책임 있는 삶을 살아가며 자신의 능력을 계발하여 자립하도록 노력하여야 한다. 국가와 사회는 헌법과 국제연합의 장애인권리선언의 정신에 따라 장애인의 인권을 보호하고 완전한 사회참여와 평등을 이루어 더불어 살아가는 사회를 만들기 위한 여건과 환경을 조성하여야 한다.

이러한 제도 가운데에는 사회서비스 보장을 위해 노인, 장애인, 산모, 아동 등 사회적 약자에게 서비스를 지원하고 사회통합과 재가복지를 주장하는 바우처(Voucher)제도가 있다. 그러나 자칫, 이 제도는 장애인 가족의 부담만을 가중시키는 경향을 조장할 수도 있다. 따라서 장애인들이 가족의 부담과 관계없이 당당하게 살아갈 수 있는 사회적, 제도적 장치가 마련되는 것뿐이다. 여전히 장애인의 약 1%만이 생활시설에서 생활하고 있고, 상당수의 장애인들은 열악하기 짝이 없는 비인가 시설에서 생활하고 있다. 고로 장애인복지시설에 대한 확충이 절실히 요구되고 있다.

에덴복지타운

장애인들이 모여서 생존을 위한 최소의 요구 사항을 외치고 있지만 정책적으로 반영되지는 않고 있다. 이러한 현상은 사회가 그들을 노동적 상실에 따른 무가치적 존재 또는 부담스러운 존재로 보고 있기 때문이다. 장애를 가진 사람을 무조건적인 편견이나 부정적인 인식이 가장 큰 문제인 것이다. 장애를 가진 사람들이 비장애인과 동등한 삶의 질을 누리기 위해서는 우선, 장애인에게도 교육이나, 고용, 문화생활, 여가 활동 등의 동등한 기회가 주어져야 하는 것이 가장 중요하다. 각종 편의 시설이나 복지시설, 교육시설 등을 통하여 장애인을 사람답게 살아갈 수 있도록 만드는 것이 가장 시급한 문제일 것이다. 장애인 직업 재활 시설이란 일반고용이 어려운 장애인이 특별히 준비된 작업 환경에서 직업 훈련을 받거나 직업생활을 영위할 수 있도록 하는 시설이다.

장애인이 자신의 능력과 적성에 맞는 직업생활을 통하여 인간다운 생활을 할 수 있도록 장애인 직업재활과 관련된 제반서비스를 제공하고 취업기회를 제공하며 직업을 통한 장애인의 자활자립을 도모하도록 해야 한다. 일반인이 장애인과 결혼한 직원 중에는 선천적 장애를 가진 아내를 맞아

성실하게 살아가는 관리자도 있었다. 서로를 존중하며 하나의 인격체임을 깨닫는 본보기였다. 국가에서 재활 훈련원은 별도 시설을 갖추고 교육하고 있다. 재활학교에서 교육을 받은 후 생산성 있는 재활원에서 일을 함으로써 장애인 스스로 자립할 수 있도록 하는 것이 우리나라 사회인 장애 복지를 위해 나아갈 길이다. 장애인들을 훈련이나 교육만으로 멈출 것이 아니라 생산 활동을 할 수 있는 시설을 갖춰야 한다고 생각한다. 저희 에덴 하우스는 다른 곳의 장애인 복지시설과 달리 교육만을 위주로 하는 복지시설이 아닌 직업을 통한 재활훈련시설로 거듭나기 시작한 것이다.

장애인들은 생산적으로 재창출하고, 수익 사업을 통해 지속적으로 장애인의 미래에 희망을 주는 데 그 의의가 있다. 지금은 서울의 25개 거래처 중에 15개 정도 거래를 하고 있고 전국 25개의 시, 군, 구 여러 지역 단체에서 복지재단에 주문을 함으로써 많은 물량을 소화해 내고 있다. 이처럼 일을 시키는 것은 교육에 멈추는 것이 아니라 생산적 근로를 하고 근로 기준법에 의해 임금을 지급한다. 물론 생산직 외에도 사무, 미디어, 기록, 설계 등 각종 실습과정을 통해 각자 적성에 맞거나 능숙한 분야에 투입된다. 실습기간은 1달 정도로 대부분 생산직은 1·2급의 중증장애인이고 사무 간사를 비롯한 타 직종은 비장애인을 비롯하여 3급 이상의 경증장애인들로 구성되어 있다. 장애복지 시설 투자에 있어

자본금의 부족함은 물론이고 장애인들이 모여 일을 하다 보니 생산능력이 떨어지고 품질을 높이기 위해 일반인 보다 훨씬 오랜 기간 동안 일에 대한 끊임없는 교육과 불량품질의 과다로 인해 원자재의 소모가 많이 생김으로써 경쟁력이 약해지기 때문에 장애인이 꼭 생산직은 아니라도 펜대를 굴리는 일 등 전문 직종에 능숙한 업종에 능숙한 장애인도 있다고 본다. 그렇기 때문에 동일한 제품을 일반인 한 사람이 일을 할 것을 장애인들은 5명 정도의 인원이 투입되어야 하기 때문이다. 생산적으로 비효율적이긴 하지만 장애인들의 복지 차원에서 운영을 해 나가고 있는 실정이다. 그러한 것을 감안하면 직업재활에 대한 복지정책을 구체적으로 만들어 혜택을 줄 수 있었으면 하는 바람이다. 자원봉사나 후원을 통해 장애인과 함께 사는 밝은 세상, 사랑을 나누는 세상이 되리라고 본다.

2005년 말 완공된 장애인 직업재활연구소는 장애인에게 알맞은 사업분야와 기업 운영 방법, 그리고 선진적인 사례를 통해서 대표적인 모델이 될 수 있도록 연구를 지속적으로 할 목적으로 설립되었다. 또한 <장애인 국제 교류협력단>을 만들어 개발도상국들에서 직업자활을 활성화시키는 데 기여하고 있다. 노약자가 되면 자연히 장애가 생기므로 그들에게 일거리를 주고 재활을 할 수 있는 통합고용센터를 만들어 새로운 노인복지 모델을 창출하려는 취지로 마련되었다.

에·덴·장·애·인·복·지·론

에필로그

에필로그

_____

정 이사장님의 집필 요청을 받는 순간 나는 모전자전의 저력(!)을 발휘할 수 있었다. 어머니께서 여고 때 문집을 낸 경험을 바탕으로 당시 몇 안 되는 유명기업인으로부터 자서전 집필을 청탁받은 적이 있었기 때문이다. 코리아타임즈 기자 출신인 어머니의 그러한 경력을 이어받아 내가 어머니의 못다 이룬 뜻을 이어가고 있다. 45년 전 어머니의 경우와는 다르지만, 내세울 건 시민기자 경력이 전부인 나에게, 그것도 장애인인 나에게 기업인이자 휴먼스토리의 주인공으로부터 집필 청탁을 받는 특권이 주어졌으니, 나는 주저하지 않고 즉석에서 승낙했다. 그렇지만 본 작품은 2년 만에 재탈고한 것이다.

자서전을 완성하기까지는 순탄하지 않았다. 종이와 인터넷상에서 번갈아 작성하고 재작성하는 우여곡절 끝에 원고를 완성하였지만, 이후의 행보도 순조롭지만은 않았다. 그렇게 나는 이사장님으로부터 수기 집필을 청탁(2005년 12월 26일)받고 작업에 착수하였다. 재단에서 자체 제작한 다큐 형식의 영상자료 일대기가 담겨 있는 <어둠에서 빛을 향해>라는 제목의 CD를 받아 그 내용에 필자의 견해를 첨가하여 작성하였다. 지면을 보충하기 위해 나머지 결말을 기사 형식으로 기고하려고 재단에서 주최하는 행사마다 참석하여 인터뷰를 하려 했으나 나의 어눌한 말투로 인해 출입을 저지당하기 일쑤였다. 2007년 3월 6일 개구리가 잠에서 깬다는 경칩에 장애인차별금지법이 통과되었고, 올해 4월 11일 이 법이 시행되었다지만 무언가 씁쓸한 장애인계의 현실을 보는 것 같은 생각이 없지 않다.

최근 정덕환 이사장에게 또 하나의 직분이 주어졌다. 이명박 새 대통령을 보좌할 상임특보단으로 임명된 것이다. 상임특보단에 임명된 정덕환 이사장은 앞으로 직업재활을 비롯한 사회복지 분야에서 민심을 수렴해 후보에게 정책제언 등을 하는 자문역할을 하게 된다. 지난날을 회고하면 지금까지의 역경은 소외된 사람들에게 눈을 돌리라는 하나님의 계시였는지도 모른다. "네 이웃을 사랑하라"는 예수님의 계시처럼 편견을 넘어 사랑으로 하나 되며, 장애인과 비장애인들이 하나 되어 "장애인도 할 수 있다"는 긍지와 자부심으로 우리나라는 진정한 복지사회의 꽃을 피우고 있다.

국가대표 유도선수에서 구멍가게, 전자부품 조립, 쓰레기봉투 납품을 거쳐, 종량제봉투 생산, 복지재단 설립에 이르기까지 전신마비의 중증장애를 극복하고 이제는 장애인 복지 네트워크를 꿈꾸는 정덕환 이사장의 열정은 이것으로 끝나지 않았다. 앞으로도 그는 국내뿐 아니라 개도국들의 복지를 위해 세계를 향해 나아갈 것이라는 다짐을 하고 있다.

• 저 자 •

이상철 •약 력•

    1971년 서울 출생
    1992년 총회신학대 중퇴
    2003년 인형극 활동(문화사역)
    2004년 인터넷신문 <뉴스타운>, <뉴스앤조이>, <조은뉴스>,
           <매스타임즈> 시민기자 現
    2005년 에덴복지재단 실습근무
    2006년 지체장애 1급 정덕환 이사장님의 원고집필 청탁을 받음

    •주요저서•

    『오늘도 희망을 향해 달린다』,
    『동북공정과 신냉전시대』,
    『기독교를 위한 변명』,
    『사별』 온라인 출판 외 다수

에덴 장애인 복지론

초판인쇄 | 2008년 11월 15일
초판발행 | 2008년 11월 15일

지은이 | 이상철
펴낸이 | 채종준
펴낸곳 | 한국학술정보㈜
주 소 | 경기도 파주시 교하읍 문발리 513-5 파주출판문화정보산업단지
전 화 | 031) 908-3181(대표)
팩 스 | 031) 908-3189
홈페이지 | http://www.kstudy.com
E-mail | 출판사업부 publish@kstudy.com

등 록 | 제일산-115호(2000. 6. 19)
가 격   23,000원

ISBN   978-89-534-5676-1 95330(Paper Book)
       978-89-534-5677-8 98330(e-Book)

본 도서는 한국학술정보(주)와 저작자 간에 전송권 및 출판권 계약이 체결된 도서로서, 당사와의 계약에 의해 이 도서를 구매한 도서관은 대학(동일 캠퍼스) 내에서 정당한 이용권자(재적학생 및 교직원)에게 전송할 수 있는 권리를 보유하게 됩니다. 그러나 다른 지역으로의 전송과 정당한 이용권자 이외의 이용은 금지되어 있습니다.